Palavras sobre WARREN W. WIERSBE

"Warren W. Wiersbe é um dos maiores expositores da Bíblia de nossa geração."

BILLY GRAHAM, EVANGELISTA

"Numa época em que muitos estão oferecendo uma teologia água com açúcar, Warren W. Wiersbe nos leva à carne, ao pão, ao leite e ao mel da Palavra de Deus."

MICHAEL CATT, PASTOR SÊNIOR DA IGREJA BATISTA SHERWOOD, ALBANY, GEORGIA, E PRODUTOR EXECUTIVO DA SHERWOOD PICTURES

"Quem Jesus é realmente importa, agora e para a eternidade. Warren W. Wiersbe explora de maneira brilhante o grande EU SOU de Jesus. É bom saber quem Cristo é, porém conhecer o que ele pode fazer por você é, literalmente, uma questão de vida ou morte."

PALMER CHINCHEN, PhD, PALESTRANTE E AUTOR DE *JUSTICE CALLING*, *TRUE RELIGION* E *GOD CAN'T SLEEP*

"O estilo único do Dr. Wiersbe não é excessivamente acadêmico, mas teologicamente sólido. Ele explica e aprofunda verdades das Escrituras de uma forma que todos podem entender e aplicar. Quer seja um estudioso da Bíblia ou um recém-convertido em Cristo, você irá se beneficiar, como eu, das reflexões de Warren."

KEN BAUGH, PASTOR

Warren W. Wiersbe

ELE ESTÁ SEMPRE AO MEU LADO

Desfrutando da
presença permanente
de Deus ao **seu lado**

Warren W. Wiersbe

ELE ESTÁ SEMPRE AO MEU LADO

Desfrutando da
presença permanente
de Deus ao **seu lado**

Santo André - SP - 2020

Originally published in English under the title: *HE WALKS WITH ME* © 2016 by Warren W. Wiersbe. David C Cook 4050 Lee Vance View, Colorado Springs. Colorado 809118 U.S.A.

Editor responsável
Marcos Simas

Supervisão editorial
Maria Fernanda Vigon

Tradução
José Fernando Cristófalo

Preparação de texto
Cleber Nadalutti

Diagramação
Pedro Simas

Capa
Cláudio Souto

Revisão
João Rodrigues Ferreira
Carlos Buczynski
Nataniel dos Santos Gomes
Arthur Pinto Souza
Patricia Abbud Bussamra

Todas as citações bíblicas foram extraídas da NVI, Nova Versão Internacional, da Sociedade Bíblica Internacional. Copyright © 2001, salvo indicação em contrário.

Todos os direitos desta obra pertencem à Geográfica Editora.
Qualquer comentário ou dúvida sobre este produto escreva para:
produtos@geografica.com.br

W648e   Wiersbe, Warren W.
　　　　　Ele está sempre ao meu lado: desfrutando da permanente presença de Deus / Warren W. Wiersbe. Traduzido por José Fernando Cristófalo. – Santo André: Geográfica, 2018.

　　　　　160p. ; 16x23cm.
　　　　　ISBN 978-85-8064-239-1
　　　　　Título original: He walks with me.

　　　　　1. Teologia. 2. Palavra de Deus. I. Título. II. Cristófalo, José Fernando.

　　　　　　　　　　　　　CDU 291.2

Catalogação na publicação: Leandro Augusto dos Santos Lima – CRB 10/1273

Sumário

Prólogo por Michael Catt

Prefácio

1. Moisés faz uma pergunta	1
2. O apóstolo João fornece algumas respostas	11
3. O pão da vida	15
4. A luz do mundo	31
5. A porta	45
6. O Bom Pastor	59
7. A ressurreição e a vida	73
8. O caminho, a verdade e a vida	89
9. A videira verdadeira	107
10. O negligenciado EU SOU	121
11. "Eu sou Jesus" (Atos 9.5; 22.8; 26.15)	131
12. Vivendo e servindo no tempo presente	143

Notas   155

Prólogo

Dizem que se julga um livro por sua capa. Procuro não fazer isso. Embora tenha quase dez mil livros em minha biblioteca, tento avaliar uma obra por seu autor e conteúdo. As capas podem ser enganosas. O conteúdo é revelador.

Como autor e editor de aproximadamente duzentos livros, Warren W. Wiersbe apresenta um conteúdo que revela um homem que caminha com Deus, ouve o Senhor e conhece a sua Palavra intimamente. A obra que você tem em suas mãos não é uma exceção.

Um dos primeiros livros que comprei, quando ainda era um jovem ministro, pertencia à série de comentários de Warren W. Wiersbe, "BE" (SEJA). Esse livro ajudou-me a manter o equilíbrio em minha compreensão das Escrituras. Como pastor, sempre verifico os comentários de Wiersbe para assegurar-me de que a minha interpretação de um determinado texto é equilibrada.

Warren W. Wiersbe é respeitado por professores, tanto de escolas dominicais quanto de seminários. Seus textos são lidos por leigos e eruditos, e suas reflexões têm auxiliado a milhões de estudantes da Palavra de Deus.

Conheci Warren e Betty, a esposa dele, nos anos 1990. Às vezes, quando se conhece pessoalmente um autor, é possível constatar uma grande diferença entre a pessoa e a sua palavra impressa. Não é o caso de Warren. Ele vive o que escreve. Ele ama o Senhor sobre o qual escreve. Sou eternamente grato pela oportunidade de conhecê-lo como amigo, encorajador e conselheiro. Sempre que falo com ele, trago à mão caneta e papel porque sei que haverá uma pérola de verdade para anotar e relembrar. Estimo toda e qualquer oportunidade de conversar com ele e, acima de tudo, de escutá-lo.

Este livro, mais um a sair da escrivaninha do Dr. Wiersbe, é o que eu chamaria de "um clássico Wiersbe." *Ele está sempre ao meu lado* é uma jornada pelas declarações de "EU SOU", expressas por nosso Senhor (e algumas outras declarações, como você irá descobrir). Suas páginas revelam a diferença que Cristo faz hoje na vida dos que abraçam a verdade. Após lê-las, você possuirá uma maior compreensão sobre quem Jesus *é* e o que ele deseja fazer em sua vida *hoje*.

Esta obra é um lembrete de que nosso Senhor não é uma divindade distante, tampouco uma figura da história. Ele é o Deus vivo, o grande EU SOU. O Dr. Wiersbe nos conduz por um estudo prático e aplicável de tais declarações. Embora familiares, geralmente nos esquecemos de que essas declarações se aplicam a nós hoje, e não somente aos que as ouviram no século I.

Ao ler este livro, o seu amor por Cristo aumentará. Você verá como a vida divina deve operar no viver diário. Atualmente, muitos livros tentam diluir a verdade, com o intuito de torná-la mais aceitável. Não é o que faz esta obra. Ela irá motivá-lo a buscar o Senhor diariamente por todas as suas necessidades.

Numa época em que muitos estão oferecendo uma teologia água com açúcar, Warren W. Wiersbe nos leva à carne, ao pão, ao leite e ao mel da Palavra de Deus. O conteúdo é sólido e baseado nas Escrituras.

Que o "EU SOU" possa falar a você, como falou comigo.

Michael Catt
Pastor sênior da Igreja Batista Sherwood, Albany, Geórgia,
e produtor-executivo da Sherwood Pictures

Prefácio

Não há substituto para Cristo. Somente Jesus pode nos salvar de nossos pecados e nos conceder a graça da qual necessitamos para viver para ele. Se você deseja plenitude de vida, tem que ir a Jesus.

A maneira como nos relacionamos com o Senhor determina como ele irá se relacionar conosco. "Aproximem-se de Deus, e ele se aproximará de vocês!" (Tg 4.8). Longe de Jesus, nada podemos fazer (Jo 15.5). Será trágico termos uma vida ativa e, então, no fim, descobrirmos que nada do que fizemos perdurará.

Não há líder, autor, organização ou conjunto de disciplinas religiosas capazes de realizar por nós o que somente Cristo pode fazer, *se assim o permitirmos*. Até mesmo este livro que você está lendo agora pode apenas indicar o caminho a Jesus. A verdade divina torna-se vida dinâmica apenas quando, pela fé, nos rendemos a Cristo e o seguimos. Se os propositores das filosofias e sistemas religiosos deste mundo estivessem vivos hoje, eles poderiam apenas dizer "Eu fui". Eles estão mortos e não podem ajudá-lo pessoalmente. Jesus não afirmou "Eu fui", mas está vivo e diz "EU SOU". Apenas ele pode satisfazer as nossas necessidades hoje. Ele está vivo neste exato momento e nos oferece uma vida espiritual *no tempo presente*. "Jesus Cristo é o mesmo, ontem, hoje e para sempre" (Hb 13.8). A história passada, a realidade presente e a certeza futura convergem hoje em Cristo, o grande EU SOU.

As declarações EU SOU, registradas nas Escrituras, revelam as profundezas da vida cristã e como os filhos de Deus podem ir mais fundo ao viverem com Jesus no tempo presente. Devemos ser capazes de repetir as palavras de Paulo: "A vida que agora vivo no corpo, vivo-a pela fé no filho de Deus, que me amou e se entregou por mim" (Gl 2.20).

Observe a frase: "A vida que *agora* vivo."

Em nossas lembranças e imaginações, tentamos viver no passado ou no futuro, porém isso não produz uma vida cristã equilibrada ou criativa. Alguém já disse que os "bons velhos tempos" são uma mescla de má memória e boa imaginação, e sou obrigado a concordar com isso. O meu passado pode me desencorajar e meu futuro, me amedrontar, porém "a vida que agora vivo" *hoje* pode ser enriquecedora e encorajadora porque "Cristo vive em mim" (Gl 2.20). Quando vivemos pela fé, um dia de cada vez, Jesus nos capacita a sermos fiéis, frutíferos e contentes.

Deus não deseja que ignoremos o passado; o passado deveria ser como um leme a nos guiar, não uma âncora a nos deter. Ele tampouco quer que negligenciemos o planejamento do futuro, desde que digamos "Se o Senhor quiser" (Tg 4.13-17). Quanto melhor compreendermos as declarações "EU SOU" de nosso Senhor *e pela fé as aplicarmos*, tanto mais a nossa força durará, assim como nossos dias (Dt 33.25), e "correremos e não ficaremos exaustos, andaremos e não nos cansaremos" (Is 40.31). Permaneceremos em Jesus e produziremos fruto para sua glória hoje – agora.

Este livro versa sobre isso.

Warren W. Wiersbe

1

Moisés faz uma pergunta

Moisés perguntou: "Quando eu chegar diante dos israelitas e lhes disser: O Deus dos seus antepassados me enviou a vocês, e eles me perguntarem: 'Qual é o nome dele?' Que lhes direi?"

Êxodo 3.13

Com dezenove meses, Helen Keller contraiu uma doença que a deixou cega e surda pelo resto da vida. Porém, somente aos dez anos é que ela começou a ter uma comunicação significativa com as pessoas ao seu redor. Isso ocorreu quando uma talentosa professora, Anne Sullivan, ensinou-lhe a dizer "água" ao soletrar essa palavra na palma de sua mão. A partir dessa crucial experiência, Helen Keller adentrou o maravilhoso mundo de palavras e nomes e teve a sua vida transformada.

Assim que Helen acostumou-se a esse novo sistema de comunicação com os demais, seus pais conseguiram que ela recebesse instrução religiosa de Phillips Brooks, um eminente clérigo de Boston. Certo dia, durante sua aula, Helen disse a Brooks estas notáveis palavras: "Eu conhecia Deus antes de você me contar, *só não sabia o nome dele.*"[1]

Os filósofos gregos contenderam com o problema de conhecer e nomear Deus. "Porém, descobrir o criador e pai do mundo é uma tarefa difícil", escreveu Platão em seu diálogo *Timeu*, "e, a descobri-lo, é impossível falar sobre ele a todo mundo." Ele disse que Deus era "um geômetra", e Aristóteles o chamou de "O Movedor Primordial." Não é de surpreender, então, que Paulo tenha encontrado, em Atenas, um altar dedicado "ao Deus Desconhecido" (Atos 17.22-23). Os filósofos gregos da época do apóstolo estavam "sem esperança e sem Deus no mundo" (Ef 2.12).

Contudo, pensadores de séculos recentes não tiveram melhor sorte. O filósofo alemão Georg Wilhelm Hegel chamou Deus de "o Absoluto", e Herbert Spencer denominou-o de "o Incompreensível." Sigmund Freud, o criador da psicanálise, assim escreveu no Capítulo 4 de seu livro *Totem e tabu* (1913): "O Deus personalizado psicologicamente nada mais é que um pai glorificado." Deus é uma figura paterna, mas não um Pai celestial pessoal. O biólogo britânico Julian Huxley escreveu no capítulo 3 de sua obra *Religion without Revelation* (Religião sem revelação), de 1957, o seguinte: "Operacionalmente, Deus está começando a parecer não um governante, mas o último sorriso esmaecido de um cósmico gato de Cheshire." Para Huxley, as fantasias descritas nas *Aventuras de Alice no País das Maravilhas* eram mais reais do que o Todo-poderoso Deus!

Contudo, Deus deseja que o conheçamos, porque conhecê-lo é a coisa mais importante da vida!

SALVAÇÃO

Para início de conversa, conhecer Deus de modo pessoal é a única maneira pela qual os pecadores podem ser salvos. Cristo afirmou: "Esta é a vida eterna: que te conheçam, o único Deus verdadeiro, e a Jesus Cristo, a quem enviaste" (Jo 17.3). Após curar um mendigo, cego de nascença, Jesus o procurou, encontrando-o, mais tarde, no templo, e o seguinte diálogo aconteceu:

– Você crê no Filho do homem? – perguntou Jesus.

Respondeu o homem:

– Quem é ele, Senhor, para que eu nele creia?

Disse Jesus:

– Você já o tem visto. É aquele que está falando com você.

Então o homem disse:

— Senhor, eu creio. — E o adorou (Jo 9.35-38).

Não somente o mendigo pôde vê-lo fisicamente, mas seus olhos espirituais igualmente foram abertos (Ef 1.18) e ele recebeu a vida eterna. Sua primeira reação foi adorar Cristo publicamente, onde todos poderiam vê-lo.

Esse fato introduz uma segunda razão pela qual devemos conhecer quem Deus é e qual é o seu nome: fomos criados para adorá-lo e glorificá-lo. Afinal, apenas uma temporária alegria ou encorajamento pode advir do culto a um "Deus desconhecido." O Altíssimo nos criou conforme a sua própria imagem para que tivéssemos um relacionamento com ele agora e "gozá-lo para sempre", como diz o catecismo de Westminster. A cada semana, milhões de pessoas frequentam fielmente os serviços religiosos, participando da liturgia prescrita, porém nem todas elas desfrutam de um relacionamento pessoal com o Criador. Ao contrário daquele mendigo, elas jamais se submeteram a Jesus e confessaram "Senhor, eu creio." Para elas, Deus é um estranho distante, não um Pai amoroso. A religião vivida por essas pessoas constitui uma rotina e não uma realidade viva.

No entanto, existe um terceiro motivo para conhecer Deus. Pelo fato de possuirmos a vida eterna e praticarmos o louvor bíblico, podemos experimentar a bênção de uma vida transformada. Após descrever a insensatez da adoração a ídolos, o salmista acrescenta: "Tornem-se como eles aqueles que os fazem [ídolos] e todos os que neles confiam" (Sl 115.1-8). Assim, *nos tornamos como os deuses que adoramos!* Cultuar um deus que não conhecemos é o mesmo que cultuar um ídolo, e podemos ter ídolos em nossa mente e em nossa imaginação, bem como em nossas prateleiras.

O amoroso propósito de nosso Pai celestial com relação aos seus filhos é que eles sejam "conformes à imagem de seu Filho" (Rm 8.29); e "Assim como tivemos a imagem do homem terreno [Adão], teremos também a imagem do homem celestial" (1Co 15.49). Contudo, não é preciso esperar pela segunda vinda de Jesus para que essa transformação comece, porque o Santo Espírito de Deus pode começar essa mudança em nós ainda hoje. Enquanto oramos, meditamos na Palavra, experimentamos o sofrimento e o júbilo, bem como, enquanto testificamos, adoramos e temos comunhão com o povo de Deus. Servindo ao Senhor com nossos dons espirituais, mansa e silenciosamente, o Espírito opera em nosso interior, transformando-nos, para que nos tornemos cada vez mais como nosso Senhor Jesus Cristo.

A conclusão é óbvia: quanto melhor conhecer o Senhor, tanto mais o amaremos. E quanto mais o amarmos, tanto mais o adoraremos e lhe obedeceremos. Por consequência, nos tornaremos mais como ele e experimentaremos o que o apóstolo Pedro chamou de crescer "na graça e no conhecimento de nosso Senhor e Salvador Jesus Cristo" (2Pe 3.18). Valendo-se de um incidente na vida de Moisés (Êx 34.29-35), Paulo assim descreveu esse processo: "E todos nós, que com a face descoberta contemplamos a glória do Senhor, segundo a sua imagem estamos sendo transformados com glória cada vez maior, a qual vem do Senhor, que é o Espírito" (2Co 3.18). No caso de Moisés, ele nem mesmo percebeu que seu rosto estava resplandecente, porém os demais notaram! Ele estava sendo transformado.

O Criador nos ordena a conhecê-lo e adorá-lo porque deseja nos dar o jubiloso privilégio de servi-lo e glorificá-lo. Ordenar a todos que o adorem não constitui uma ação celestial egoísta do Altíssimo, porque nada podemos oferecer a ele. Veja o que diz o Senhor: "Se eu tivesse fome, precisaria dizer a você? Pois o mundo é meu, e tudo o que nele existe" (Sl 50.12). Ele nos dá esse mandamento porque *nós temos necessidade de adorá-lo*! Humilharmo-nos diante dele, expressar reverência e gratidão e louvá-lo no Espírito são ações essenciais para o crescimento equilibrado de uma vida cristã normal. O céu é um lugar de adoração (Ap 4-5), e deveríamos começar a adorá-lo corretamente aqui e agora. Assim, caso não estejamos crescendo no conhecimento de Deus e em nossa experiência de sua incrível graça, nossa adoração e culto serão insignificantes.

Salvação, adoração, transformação pessoal e serviço amoroso fazem parte de um viver no tempo presente e na dependência de nosso Senhor e Salvador, pois "Nossa comunhão é com o Pai e com seu Filho Jesus Cristo" (1Jo 1.3).

PREPARAÇÃO

Moisés viveu quarenta anos no Egito, sendo "educado em toda a sabedoria dos egípcios" (At 7.22). Então, ele fugiu para a região de Midiã, onde passou os quarenta anos seguintes trabalhando como pastor do rebanho de seu sogro. Imagine alguém brilhante, com doutorado, ganhando a vida como cuidador de animais! Porém, foi preciso que o Senhor humilhasse Moisés antes que ele fosse capaz de exaltar o Senhor e pudesse ser feito o libertador dos israelitas. Similarmente à igreja de nossos dias, a nação de Israel era como um rebanho de ovelhas (Sl 77.20; Sl 78.52; At 20.28), e tudo que os israelitas necessitavam era de um pastor amoroso que fosse obediente a Deus e cuidasse de seu povo. Por dezoito anos, o Criador preparou Moisés para quarenta anos de fiel serviço. O Altíssimo não é apressado.

O chamado de Moisés começou com a sua própria curiosidade. Ele viu uma sarça que não era consumida pelo fogo, apesar de estar em chamas. Isso chamou a atenção de Moisés e ele parou para investigar. "A curiosidade é uma das permanentes e certas características de um intelecto vigoroso", afirmou o ensaísta britânico, Samuel Johnson, e, certamente, Moisés era qualificado. Viu algo que não era capaz de explicar e descobriu que o Deus de Abraão, Isaque e Jacó estava naquela sarça (Dt 33.16). O Senhor Deus havia ido ao encontro dele.

O que aquela notável sarça ardente significou para Moisés e o que ela significa para nós? Ela revelou a santidade de Deus; porque ao longo de toda as Escrituras, o fogo é associado ao dinâmico e santo caráter do Senhor. Isaías denominou Deus como "o fogo consumidor" e "a chama eterna" (Is 33.14; veja também Hb 12.29). Note que Moisés viu essa sarça em chamas no monte Horebe, também conhecido como monte Sinai (Êx 3.1; At 7.30-34), e, quando Deus entregou a lei a Moisés, o cume desse monte parecia ser consumido pelo fogo (Êx 24.15-18).

Como devemos responder ao caráter santo de Deus? Humilhando-nos e obedecendo ao que ele nos manda fazer (Is 6). Theodore Epp escreveu: "Moisés logo descobriu que as qualificações essenciais para servir a Deus são pés descalços e rosto escondido."[2] Que diferença entre essa descrição e a das "celebridades" de nossos dias, que vestem roupas caras e fazem de tudo para que seus nomes e rostos permaneçam em exposição para deleite de seus fiéis adoradores, não é? O Criador não estava impressionado com todo o aprendizado egípcio de Moisés, porque "a sabedoria deste mundo é loucura aos olhos de Deus" (1Co 3.19). A ordem do Altíssimo para nós é: "Portanto, humilhem-se debaixo da poderosa mão de Deus, para que ele os exalte no tempo devido" (1Pe 5.6). Quando o filho pródigo se arrependeu e retornou à sua casa, o pai mandou que o calçassem (Lc 15.22). Porém, espiritualmente falando, quando aqueles que creem se rendem humildemente ao Senhor, eles devem retirar as suas sandálias e se tornar bons servos de Jesus Cristo.

Igualmente, a sarça ardente revela a graça de Deus, pois o Senhor desceu para anunciar as boas-novas da salvação de Israel. Deus conhecia Moisés pelo nome e falou com ele pessoalmente (Êx 3.4; João 10.3). O Altíssimo assegurou a Moisés que havia visto a miséria do povo judeu no Egito e ouvido seus lamentos de dor e suas súplicas por socorro. Disse ainda: "e sei quanto eles estão sofrendo. Por isso desci para livrá-los das mãos dos egípcios e tirá-los daqui" (Êx 3.7-8). O Senhor lembrou e honrou as promessas de sua aliança com Abraão, Isaque e Jacó, e que o tempo da libertação de seu povo era chegado.

Foi pela graça que Deus escolheu Moisés para ser seu servo. O Senhor não se perturbou com os erros passados de Moisés no Egito, incluindo o fato de sua liderança ter sido rejeitada por seu próprio povo (Êx 2.11-15). Àquela altura, Moisés era um homem velho, que havia permanecido longe do Egito por quarenta anos, porém nenhum desses fatos impediu o Criador de utilizá-lo de modo efetivo. O Senhor sabe como usar as coisas fracas, loucas e insignificantes deste mundo para humilhar os sábios e fortes e, por fim, derrotar os poderosos (1Co 1.26-31). O Altíssimo receberia grande glória quando Moisés exaltasse o nome do Senhor no Egito.

IDENTIFICAÇÃO

Para Moisés ter êxito em sua ação no Egito, ele precisaria conhecer o nome do Senhor, porque os israelitas certamente lhe indagariam: "Quem lhe deu autoridade para dizer a nós e ao faraó o que fazer?" A resposta de Deus ao questionamento de Moisés foi esta: "Eu Sou o que Sou." Assim, Moisés disse aos israelitas: "Eu Sou me enviou a vocês" (Êx 3.14).

O nome EU SOU advém da palavra hebraica *YHWH*. Para pronunciar este santo nome, os judeus usavam as vogais do nome Adonai (Senhor), transformando YHWH em Javé (Senhor, nas traduções em português). O nome expressa o conceito de ser absoluto, o único que é e cuja dinâmica presença opera em nosso favor. Ele transmite os seguintes sentidos: "Eu sou quem sou e o que sou, e não mudo. Estou aqui com você e para você."

O nome Javé (Jeová, SENHOR) era conhecido no tempo de Sete (Gn 4.26), Abraão (Gn 14.22; 15.1), Isaque (Gn 25.21-22) e Jacó (Gn 28.13; 49.18). Contudo, a plenitude de seu significado ainda não havia sido revelada. A lei de Moisés alertava os judeus: "Não tomarás em vão o nome do SENHOR, o teu Deus, pois o SENHOR não deixará impune quem tomar o seu nome em vão" (Êx 20.7; veja também Dt 28.58). O medo do julgamento divino levou o povo judeu a evitar pronunciar o santo nome Javé, substituindo-o por Adonai (Senhor).

Em nove passagens do Antigo Testamento, o Senhor "preencheu" ou "completou" o nome EU SOU a fim de revelar mais plenamente a sua natureza divina e seu gracioso ministério ao povo de Israel:

- Jeová-Jiré: O SENHOR proverá ou olhará por isso (Gn 22.14)
- Jeová-Rafa: O SENHOR que os cura (Êx 15.26)
- Jeová-Níssi: O SENHOR é minha bandeira (Êx 17.15)

- Jeová-Makadesh: O SENHOR que os santifica (Lv 20.8)
- Jeová-Shalom: O SENHOR é paz (Jz 6.24)
- Jeová-Rohi: O SENHOR é o meu pastor (Sl 23.1)
- Jeová-Sabaoth: O SENHOR dos Exércitos (Sl 46.7)
- Jeová-Tsidikenu: O SENHOR é a nossa justiça (Jr 23.6)
- Jeová-Samá: O SENHOR está aqui (Ez 48.35)

Claro que todos esses nomes se referem ao nosso Salvador e Senhor, Jesus Cristo. Por ser Jeová-Jiré, ele pode suprir todas as nossas necessidades e eliminar nossas preocupações (Mt 6.25-34; Fp 4.19). Como Jeová-Rafa, é capaz de nos curar de todas as nossas enfermidades; como Jeová-Níssi, estará ao nosso lado em nossas batalhas, ajudando-nos a derrotar os inimigos. Pertencemos a Jeová-Makadesh porque ele nos tem separado para si mesmo (1Co 6.11); e Jeová-Shalom nos concede paz em meio às tormentas da vida (Is 26.3; Fp 4.9). Todas as promessas de Deus encontram seu cumprimento em Jesus Cristo (2Co 1.20).

Jeová-Rohi nos remete ao Salmo 23 e a João 10, encorajando-nos a seguir o Pastor. Os exércitos terrenos e celestiais estão debaixo do comando de Jeová-Sabaoth, e não devemos entrar em pânico (Js 5.13-15; Ap 19.11-21). Ao depositarmos nossa confiança em Jeová-Tsidikenu, dispomos da justiça de Deus a nosso favor (2Co 5.21) e nossos pecados e iniquidades são para sempre esquecidos (Hb 10.17). Jesus é Jeová-Samá, ou seja, "Deus conosco" (Mt 1.23), e ele jamais nos abandonará até o fim dos tempos (Mt 28.20). "Nunca o deixarei, nunca o abandonarei", conforme Hebreus 13.5, ainda é a sua garantia.

Em sua encarnação, Jesus desceu a este planeta não como uma sarça ardente, mas como "um broto tenro e como uma raiz saída de uma terra seca" (Is 53.1-2; igualmente, veja Fp 2.5-11). Ele tornou-se humano, um homem, por nós (Jo 1.14), tendo sido feito pecado por nós e foi obediente até a morte (2Co 5.21). Por nossa causa, Jesus tornou-se uma maldição e, na cruz, carregou a maldição da lei em nosso lugar, pois todos nós transgredimos a lei de Deus (Gl 3.13-14). E, um dia, "seremos semelhantes a ele, pois o veremos como ele é" (1Jo 3.2)!

Qual é o nome de Deus?

Seu nome é EU SOU – e este também é o nome de seu Filho, Jesus Cristo, nosso Senhor!

2

O apóstolo João fornece algumas respostas

Era de se esperar que Mateus lidasse com as declarações EU SOU em seu evangelho, porque o apóstolo escreveu especialmente para os judeus. No entanto, o Espírito Santo escolheu João, o discípulo a quem Jesus amava, para compartilhar essas verdades conosco. Por que João? Porque ele escreveu o seu evangelho a fim de provar que Cristo é o EU SOU, o próprio Filho de Deus. "Jesus realizou na presença dos seus discípulos muitos outros sinais miraculosos, que não estão registrados neste livro. Mas estes foram escritos para que vocês creiam que Jesus é o Cristo, o Filho de Deus, e, crendo, tenham vida em seu nome" (Jo 20.30-31). João escreveu como um teólogo para provar a divindade de Cristo, mas o apóstolo também escreveu como um evangelista, instando seus leitores a depositarem sua fé em Jesus e receberem a vida eterna. Além de seu próprio testemunho, nos versículos acima transcritos, João cita sete outras testemunhas que afirmam que Jesus Cristo é o Filho de Deus:

- **João Batista:** "Eu vi e testifico que este é o Filho de Deus" (Jo 1.34).
- **Natanael:** "Mestre, tu és o Filho de Deus, tu és o Rei de Israel" (Jo 1.49).

- **Os samaritanos:** "Agora cremos não somente por causa do que você disse, pois nós mesmos o ouvimos e sabemos que este é realmente o Salvador do mundo" (Jo 4.42).
- **Pedro:** "Nós cremos e sabemos que és o Santo de Deus" (Jo 6.69).
- **O mendigo cego que foi curado:** "Então o homem disse: 'Senhor, eu creio'. E o adorou" (Jo 9.38).
- **Marta, irmã de Maria e de Lázaro:** Ela lhe respondeu: "Sim, Senhor, eu tenho crido que tu és o Cristo, o Filho de Deus que devia vir ao mundo" (Jo 11.27).
- **Tomé, o apóstolo:** "Disse-lhe Tomé: 'Senhor meu e Deus meu!'" (Jo 20.28).

Juntamente com as declarações EU SOU de Cristo, o próprio Jesus declarou que era o Filho de Deus enviado dos céus pelo Pai. Leia atentamente as afirmações do Senhor nos textos de João 5.24-27 e 10.22-39, bem como a sua oração, registrada em João 17. Alguns estudiosos do evangelho de João acreditam que as palavras de Jesus em João 4.26 e 8.24, 28, 58, além de 13.19 e 18.5-6, são todas "carregadas de significado teológico", afirmando a sua divindade como o grande EU SOU. Disse ele à mulher samaritana: "EU SOU está falando com você"? Ele não advertiu os incrédulos judeus que "se vocês não crerem que Eu Sou, de fato morrerão em seus pecados" (veja Jo 8.24)?

Uma das palavras-chave no evangelho de João é *vida*, utilizada aproximadamente 36 vezes. Essas e as sete afirmações EU SOU estão todas relacionadas ao tema de João sobre a vida espiritual em Cristo. Jesus se autodenominou como "o pão da vida" (6.35, 48, veja também os versículos 51 e 58) e "a luz da vida" (8.12). Por intermédio da Palavra podemos nos "alimentar" nele e segui-lo, vivenciando essa vida prometida. Ele é a porta das ovelhas que nos capacita a "entrar e sair" e a desfrutar de uma vida livre e abundante (10.7-10). Ele é o Bom Pastor que dá a sua vida para que tenhamos vida eterna (10.11, 15, 17-18). Ainda, Jesus Cristo disse a Marta: "Eu sou a ressurreição e a vida" (11.25-26; igualmente veja 5.24);

e aos discípulos: "Eu sou o caminho, a verdade e a vida" (14.6). Cristo é a "videira verdadeira" e nós somos os ramos. Por causa da vida que ele nos concede enquanto permanecemos nele, somos capazes de produzir fruto que o glorifica (15.1-5).

Nas declarações EU SOU de Cristo, Jesus não apenas nos revela quem ele é, mas também manifesta o que pode fazer por nós e o que podemos nos tornar por meio dele. Se nos sentirmos espiritualmente famintos, ele nos oferece o pão da vida. Aos que andam nas trevas, ele oferece a luz da vida; e não precisamos temer a morte, porque ele é a ressurreição e a vida. Podemos ter certeza de nossa ida ao céu? Sim, porque Jesus é "o caminho, a verdade e a vida" (Jo 14.6). Pode nossa vida ser frutífera para a sua glória? Certamente, se permanecermos nele e nos alimentarmos da vida dele.

Em Jesus Cristo, o grande EU SOU, temos tudo de que necessitamos!

3

O pão da vida

Não trabalhem pela comida que se estraga, mas pela comida que permanece para a vida eterna, a qual o Filho do homem dará a vocês.
João 6.27

Por que gastar dinheiro naquilo que não é pão, e o seu trabalho árduo naquilo que não satisfaz?
Isaías 55.2

Pois o pão de Deus é aquele que desceu do céu e dá vida ao mundo.
João 6.33

Eu sou o pão da vida. Aquele que vem a mim nunca terá fome; aquele que crê em mim nunca terá sede.
João 6.35

Asseguro a vocês que aquele que crê tem a vida eterna. Eu sou o pão da vida.
João 6.47-48

Eu sou o pão vivo que desceu do céu. Se alguém comer deste pão, viverá para sempre.
João 6.51

O Espírito dá vida; a carne não produz nada que se aproveite. As palavras que eu disse são espírito e vida.

João 6.63

Aquele que é a Palavra tornou-se carne e viveu entre nós. Vimos a sua glória, glória como do Unigênito vindo do Pai, cheio de graça e de verdade.

João 1.14

Apenas dois dos milagres de Cristo são registrados nos quatro evangelhos: a sua própria ressurreição e a multiplicação dos pães e peixes (Mateus 14; Marcos 6; Lucas 9 e João 6). Em seus relatos sobre a multiplicação dos pães e peixes para alimentar a multidão, todos os quatro escritores nos contam *o que* Jesus fez, porém apenas Marcos nos revela *por que* ele o fez – por causa de sua compaixão por aquelas pessoas (Mc 6.34).

No registro de João, Jesus revela a sua compaixão de três formas distintas: ele alimenta a multidão faminta (Jo 6.1-15), livra os seus discípulos do perigo (vv. 16-24) e oferece o pão da vida a um mundo de pecadores famintos (vv. 25-71). Cristo realizou o milagre da multiplicação não somente para satisfazer as necessidades humanas, mas igualmente para entregar um profundo sermão sobre "o pão da vida", um sermão que o nosso mundo perdido necessita ouvir hoje. O mundo precisa mesmo é de Jesus, pois só ele é o pão da vida.

COMPAIXÃO PELA MULTIDÃO

As pessoas cometem um sério erro quando creem que a Bíblia é um livro obsoleto sobre um antigo povo que viveu em uma cultura passada e, portanto, nada tem a nos dizer hoje. Porém, a razão pela qual a maioria das pessoas ignora ou desconsidera totalmente o texto bíblico não é pelo fato de os personagens e o roteiro serem radicalmente diferentes da vida atual, mas exatamente porque *as pessoas retratadas na Bíblia e as pessoas modernas são muito parecidas!* Em 2 de setembro de 1851, Henry David Thoreau escreveu em seu diário: "Quanto mais conhecemos sobre os antigos, tanto mais descobrimos que eles são como os modernos." Ao lermos a Bíblia com um sincero desejo de aprender, logo nos vemos retratados nas páginas das Escrituras e nos enxergamos como realmente somos, resultando em uma experiência raramente agradável.

Certo domingo, após eu pregar como convidado em uma igreja, um senhor se aproximou de mim e disse:

– Quem lhe falou a meu respeito?

– Desculpe-me, senhor – repliquei –, mas nem mesmo o conheço. Ninguém me contou nada sobre você ou qualquer outra pessoa desta igreja. Sou um completo estranho aqui.

– Bem, alguém deve ter lhe contado alguma coisa – ele disse, dando-me as costas e retirando-se visivelmente contrariado. Ele havia se encontrado na Bíblia, visto a sua face suja no espelho e se retirado tentando esquecer a sua própria aparência (Tg 1.22-24).

Quanto mais você considera a multidão que acompanhava Jesus, tanto mais constata como aquelas pessoas se pareciam com os seres humanos de nossos dias. Multidões são multidões e pessoas são pessoas, sejam elas torcedores de um time de futebol, adolescentes em um show de rock ou consumidores em um shopping. Os homens, mulheres e crianças presentes na multidão alimentada por Jesus na margem oriental do mar da Galileia eram exatamente como eu, você e as pessoas na "multidão" de hoje.

Eles estavam famintos. A fome é algo que o Criador colocou no corpo humano para nos lembrar de comer, porque sem comida e água certamente morreremos. Porém, no coração humano existe uma carência espiritual mais profunda, que jamais pode ser satisfeita por qualquer outra coisa que não seja o próprio Deus e os dons da graça que ele compartilha conosco. Agostinho escreveu: "Fizeste-nos para ti, e inquieto está o nosso coração, enquanto não repousa em ti."

Como é trágico o fato de a maioria das pessoas ignorar Deus, o Único que pode satisfazer as suas mais profundas fomes, preferindo gastar dinheiro com substitutos fugazes que não podem lhes trazer alegria. "Por que gastar dinheiro naquilo que não é pão, e o seu trabalho árduo naquilo que não satisfaz?", indagou o profeta Isaías. Você pode comprar o sono, porém não paz, entretenimento, mas não alegria, reputação, mas não caráter. "Toda a infelicidade dos homens provém de uma só coisa, que é não saberem ficar em repouso num quarto", escreveu o filósofo francês Blaise Pascal (*Pensamentos,* seção 2, #139). Somos incapazes de nos dar bem com os outros porque não nos relacionamos bem com nós mesmos, e só conseguiremos isso quando estivermos em comunhão com o Pai celestial por meio da fé em Jesus Cristo. Neste mundo ruidoso e populoso, o silêncio e a solidão são inimigos do prazer humano e devem ser evitados. Pessoas inquietas perdem-se em meio à multidão e mantêm-se ocupadas com um sem-número de atividades a fim de fugir das demandas da vida.

Eles estavam à procura. Durante o primeiro ano de seu ministério, antes de a oposição oficial começar, Jesus gozava de imensa popularidade e grandes multidões o seguiam. No entanto, nada disso o impressionava, e tampouco ele procurava agradá-las, porque sabia o que há no coração humano (Jo 2.25). Qualquer um pode se juntar a uma multidão e seguir o fluxo, porém é preciso coragem para resistir sozinho por uma verdade e obedecê-la.

Era como se aquela multidão estivesse em busca de enriquecimento espiritual em Cristo, mas o Senhor os conhecia bem. A maioria daqueles seguidores almejava ver algo sensacional, como um milagre, enquanto outros estavam interessados em algo para comer (Jo 6.26). Uma geração mais tarde, Juvenal, um satírico romano, escreveu que os romanos "ansiavam avidamente apenas por duas coisas – pão e circo", mas a multidão de judeus que seguia Jesus era tão má quanto as multidões de nossos dias. Decerto, o apóstolo João as chamaria de "mundanas", porque aquelas pessoas focavam apenas "a cobiça da carne, a cobiça dos olhos e a ostentação dos bens" (1Jo 2.16).

Como as massas de hoje, *as pessoas faziam perguntas, porém rejeitavam as respostas do Senhor.* Se você está honestamente buscando a verdade, questionar os sábios é uma boa atitude a se tomar. No entanto, assegure-se de fazer as perguntas certas e esteja disposto a agir de acordo com as respostas. A verdade é uma ferramenta para edificação, não um brinquedo para nos divertir. Jesus afirmou: "Se alguém decidir fazer a vontade de Deus, descobrirá se o meu ensino vem de Deus ou se falo por mim mesmo" (Jo 7.17).

A primeira pergunta deles foi: "Mestre, quando chegaste aqui?" (Jo 6.25). Após alimentar a multidão, Jesus enviou os discípulos a Cafarnaum em um barco, ficando para trás a fim de orar. Ele viu os discípulos enfrentando a tempestade, de maneira que caminhou sobre as águas até o barco para resgatá-los. Juntos, eles chegaram a Cafarnaum, onde alguns dentre a multidão do dia anterior já haviam chegado. A multidão sabia que Cristo não havia entrado no barco com os discípulos quando estes partiram e que tampouco ele tinha dado a volta no lago até Cafarnaum com alguém da multidão, de maneira que era de se esperar que tivessem ficado perplexos!

Suas perguntas adicionais revelaram ainda mais a ignorância espiritual deles e seus apetites egoístas. "O que precisamos fazer para realizar as obras que Deus requer?" (Jo 6.28). Jesus lhes respondeu que acreditassem nele, mas, em vez de crerem, eles pediram um sinal (vv. 30-31). Sim, Cristo havia alimentado milhares de pessoas, mas ainda assim os judeus queriam um sinal *do céu*. Afinal, não havia Moisés dado ao povo pão do céu? Jesus respondeu-lhes que ele era o verdadeiro pão que havia descido do céu. Então, imediatamente, começaram a contestar as suas afirmações (vv. 32-59). As pessoas ainda fazem perguntas esperando que as respostas sejam aquelas que elas acham que já conhecem. O que elas precisam é orar esta oração, de um cristão anônimo:

> Da covardia que se retrai diante de novas verdades,
> Da preguiça que se contenta com meias-verdades,
> Da arrogância que pensa que conhece toda a verdade,
> Ó Deus da verdade, livra-nos!

Eles eram espiritualmente cegos. Aquelas pessoas não eram capazes de compreender o que Jesus estava falando. Simplesmente, ele estava dizendo que, assim como o alimento que eles comiam se tornava parte deles para sustentar a vida, de igual modo, pela fé, eles deveriam recebê-lo em seu coração e experimentarem a vida espiritual, a vida eterna que vem somente de Deus. Então, eles seriam satisfeitos. Evidentemente, Cristo estava falando por meio de uma linguagem metafórica porque sabia que, para os judeus, comer carne humana e beber sangue era contra a lei de Moisés (Gn 9.4; Lv 3.17; 7.26-27; 17.10-16). Porém, a multidão entendeu as suas palavras de modo literal, perdendo o ponto principal de sua mensagem. À medida que prosseguirmos em nosso estudo, descobriremos que essa cegueira à verdade espiritual é um dos mais importantes temas do evangelho de João. Tal como muitas pessoas hoje, a multidão achava que a salvação era uma consequência de suas próprias boas obras (Jo 6.28). O povo não conseguia entender que a salvação era um presente de Deus em resposta à fé (Ef 2.8-9).

Eles queriam alívio imediato de seus problemas sem qualquer custo para si mesmos. A vida era difícil, e os judeus estavam animados por encontrar alguém capaz de facilmente satisfazer as suas necessidades. Imaginavam que, talvez, Jesus fosse o profeta prometido por Moisés em Deuteronômio 18.17-18, mas, então, decidiram que deveriam proclamá-lo rei (Jo 6.14-15). Se Cristo fosse rei, poderia derrotar os invasores romanos e restabelecer o reino de Israel. Como muitos hoje, os judeus tiveram uma "atitude comercial" em relação a Jesus, almejando que ele satisfizesse suas necessidades pessoais, *porém sem que ele lidasse com seus pecados e transformasse o coração deles*! Cristo afirmou "EU SOU" e não "Serei o que vocês quiserem que eu seja." Alguns desejam Jesus apenas como um mestre religioso, mas não como Senhor e Salvador, enquanto outros querem receber dele o sucesso nos negócios a fim de se tornarem ricos. Porém, devemos aceitá-lo como ele é, e não recebê-lo compartimentado e em pedaços. Se não aceitarmos Jesus como ele é, não o receberemos de modo algum!

Eles queriam "fazer" algo para serem salvos em vez de crerem no Salvador (veja João 6.27-29). Esta era uma evidência de orgulho e ignorância espiritual, pois todo judeu adulto deveria conhecer das Escrituras, lida fielmente nas sinagogas, que ninguém é salvo por meio de boas obras. O sistema sacrificial mosaico, realizado no templo, vividamente falava sobre a morte do inocente em prol do culpado. Alguns capítulos do Antigo Testamento, como os Salmos 32 e 51, além de Isaías 53, claramente ensinavam sobre a maravilhosa graça do Altíssimo e a necessidade de os pecadores confiarem nele para salvação. O próprio fato de Deus ter escolhido os judeus, em detrimento de outras nações, evidencia que a salvação é pela graça e não por mérito.

Eles nada mereciam. Não obstante, movido por sua compaixão, Jesus alimentou a multidão, sabendo muito bem que, em breve, eles o abandonariam. "Porque ele faz raiar o seu sol sobre maus e bons e derrama chuva sobre justos e injustos" (Mt 5.45). A própria vida é um dom de Deus, assim como os meios que sustentam essa vida, mas a maioria das pessoas considera isso como certo e garantido. Paulo enfatizou aos filósofos gregos, em Atenas, que Deus "dá a todos a vida, o fôlego e as demais coisas" (At 17.25). O Pai enviou seu Filho "para ser o Salvador do mundo" (1Jo 4.14), e somente Jesus pode nos dar o pão da vida; mas se não o recebermos em nosso interior, assim como recebemos nosso alimento, ele não pode nos salvar.

As multidões são boas para fazer perguntas, porém nem sempre elas aceitam com seriedade as respostas que o Senhor lhes dá, nem ponderam sobre as verdades por ele ensinadas. Jesus já havia alertado os doze discípulos de que, apesar de testemunharem seus milagres e ouvirem os seus ensinamentos, as multidões não eram confiáveis. "Porque vendo, eles não veem e, ouvindo, não ouvem nem entendem" (Mt 13.13). Aqueles grandes ajuntamentos de gente ansiavam por um reino terreno, mas Jesus lhes ofereceu um novo nascimento celestial.

Há alguns anos, uma meditação sobre João 6 resultou em um pequeno poema:

> Nenhum problema é tão grande, quando Jesus está no comando.
> Nenhum dom é tão pequeno, quando você se entrega por inteiro.

COMPAIXÃO POR SEUS ESFORÇADOS APÓSTOLOS

Quando os discípulos estavam recolhendo os pedaços de pão e peixe restantes daquela miraculosa refeição (Mc 6.30-44), eles devem ter ouvido o que alguns homens dentre aquela multidão estavam falando uns aos outros:

"Talvez Jesus seja o profeta que Moisés prometeu que viria. Vamos proclamá-lo rei. Veja como fomos facilmente alimentados e satisfeitos, e isso nada nos custou. Quem sabe ele poderia até mesmo derrotar os romanos e nos dar a liberdade."

Claro que essa indisciplinada multidão era completamente despreparada para confrontar os romanos e assumir o governo. Além disso, este não era o plano que Jesus tinha em mente. Os Doze, com frequência, discutiam assuntos relacionados ao reino, inclusive debatendo entre si quem dentre eles era o maior, de modo que um levante popular poderia se encaixar perfeitamente em suas próprias expectativas (At 1.6-9). Eis por que Cristo compeliu os discípulos a entrarem no barco e navegarem de volta a Cafarnaum enquanto ele dispersava a multidão e seguia a um monte para orar. O perigo estava no ar, e Jesus tinha que protegê-los. Ele sabia que uma tormenta estava se formando e, de modo deliberado, enviou os discípulos direto para ela em vez de permitir que fossem influenciados pelos judeus incrédulos e politizados dentre a multidão. *Os Doze estavam mais seguros em um barco açoitado por um vendaval do que em terra firme com um grupo de pessoas egoisticamente motivadas e espiritualmente cegas!*

Enquanto orava, Cristo manteve os olhos no barco e viu que os Doze estavam em perigo. Então, ele foi encontrá-los, andando sobre as águas (foi nessa ocasião que Pedro também caminhou sobre as águas, indo ao encontro do Senhor, conforme registrado em Mateus 14.25-33).

Quando Jesus e Pedro retornaram ao barco, a tempestade cessou, e logo depois o barco chegou à margem, em Cafarnaum. Que sequência dramática de milagres! Jesus alimentou mais de cinco mil pessoas com um pequeno lanche. Andou sobre as águas e capacitou Pedro a caminhar sobre as águas também. Fez cessar o vendaval e instantaneamente levou o barco à margem.

Não consigo deixar de ver nesses eventos um retrato da igreja de Jesus Cristo neste perigoso e tempestuoso mundo. Às vezes, ao obedecer às ordens do Mestre, podemos nos ver em meio a tempestades e sem progresso aparente. Contudo, o nosso Mestre está no céu intercedendo por nós e ele vem ao nosso encontro no momento certo. Além disso, ele nos capacita a superar a tormenta e, por fim, chegar ao nosso destino.

Alguns dentre a multidão queriam proclamar Jesus rei, *porém ele já era rei*! "O senhor assentou-se soberano sobre o Dilúvio; o SENHOR reina soberano para sempre. O SENHOR dá força ao seu povo; o SENHOR dá a seu povo a bênção da paz" (Sl 29.10-11). "Tu dominas o revolto mar; quando se agigantam as suas ondas, tu as acalmas" (Sl 89.9). "Reduziu a tempestade a uma brisa e serenou as ondas" (Sl 107.29).

Nos anos seguintes, quando os apóstolos enfrentaram as tormentas da perseguição, com certeza eles recordaram essa singular experiência e foram encorajados por essa lembrança. Afinal de contas, não estavam em meio à tempestade porque haviam desobedecido a Deus, como ocorrera com Jonas (Jn 1-2), mas exatamente porque *obedeceram*. Eles poderiam ter dito: "O Senhor nos trouxe aqui e ele irá nos ajudar." Jesus lhes disse: "Sou eu!", que literalmente é "Eu sou" (Jo 6.20). Se estamos debaixo da vontade de Deus, Cristo está conosco e não precisamos ter medo.

COMPAIXÃO POR UM MUNDO PERDIDO

O Senhor é "cheio de graça e de verdade", e "a graça e a verdade vieram por intermédio de Jesus Cristo" (Jo 1.14, 17). Em sua graça, ele alimentou a multidão de famintos no monte, e, então, na sinagoga de Cafarnaum, compartilhou a verdade transmitida pelo milagre. Cristo lhes ofereceu o pão da vida, porém muitos recusaram o presente, deram as costas e não mais o seguiram (Jo 6.66). Essa é a primeira das três crises registradas por João em seu evangelho, um assunto que discutiremos mais plenamente no capítulo 8.

A metáfora. Nessa mensagem, Jesus autodenominou-se o "pão do céu" (veja João 6.32, 41, 50, 58), "o pão de Deus" (v. 33), "o pão da vida" (vv. 35, 48), assim como "o pão vivo" (v. 51). Ele usou o pão, um objeto familiar, para ensinar uma verdade espiritual: você recebe o pão em seu corpo e isso sustenta a vida, mas receber Cristo em seu coração, pela fé, lhe dá vida eterna. Mais tarde, Jesus incluiu beber o sangue (vv. 53-56), o que, obviamente, assim como comer de sua carne, não devia ser entendido de modo literal.

"Comer" algo significa assimilar isso e torná-lo parte de nosso ser físico. Porém, a linguagem utiliza a metáfora de *comer* para descrever o processo de compreensão e recepção de afirmações expressas em palavras. Dizemos coisas como: "Bem, preciso de um tempo para digerir o que você acabou de dizer" ou "Não consigo engolir isso" ou ainda "Isso é alimento para reflexões." Um pastor pode dizer: "Minha congregação é tão jovem na fé que tenho de alimentá-los com mingau." Um homem de negócios diz à sua equipe: "Aqui está um objetivo que vocês devem perseguir como a um prato de comida." O estudante diz: "Eu realmente devorei este livro." Ninguém considera tais asserções de modo literal.

As Escrituras fazem uso de linguagem metafórica similar ao descrever nosso relacionamento com Deus e a sua verdade. "Provem, e vejam como o SENHOR é bom" (Sl 34.8). "Como são doces para o meu paladar as tuas palavras! Mais que o mel para a minha boca!" (Sl 119.103). "Quando as tuas palavras foram encontradas eu as comi; elas são a minha alegria e o meu júbilo" (Jr 15.16). "Como crianças recém-nascidas, desejem de coração o leite espiritual puro, para que por meio dele cresçam para a salvação, agora que provaram que o Senhor é bom" (1Pe 2.2-3; veja também Hb 5.11-14). "Nem só de pão viverá o homem, mas de toda palavra que procede da boca de Deus" (Mt 4.4). O profeta Ezequiel e o apóstolo João foram ambos ordenados a comerem o rolo da Palavra de Deus a fim de poderem proclamar a verdade de Deus (Ez 2.1-3.3; Ap 10).

A incompreensão. Em vez de discernir o significado mais profundo da metáfora, a multidão entendeu-a de forma literal, reagindo negativamente. "Como pode este homem nos oferecer a sua carne para comermos?", eles perguntaram. Essa cegueira espiritual pode ser encontrada ao longo de todo o evangelho de João. Quando Jesus falou sobre a sua morte e ressureição, os judeus pensaram que ele estava se referindo à destruição e reconstrução do templo (Jo 2.13-22). Ao ensinar sobre pecadores "nascendo de novo", Nicodemos pensou apenas no nascimento físico (3.1-4). E quando Jesus falou à mulher samaritana sobre satisfazer a sede espiritual, ela achou que se tratava de satisfazer a sede física bebendo a água do poço (4.10-15).

Mesmo os discípulos do Senhor nem sempre compreenderam as verdades espirituais que Jesus tentava compartilhar (Jo 4.31-38; 11.11-16; 13.6-11). Na verdade, ainda hoje há pessoas religiosas e sinceras que interpretam a metáfora sobre "comer e beber" de modo literal, pensando que Cristo fazia menção à Ceia do Senhor (Eucaristia, Comunhão), porém, certamente, não era essa a interpretação que Jesus tinha em mente.

Para início de conversa, por que Jesus discutiria a Ceia do Senhor, uma refeição "familiar" destinada aos cristãos, com uma multidão de judeus incrédulos e rebeldes? Ele nem mesmo mencionara sobre isso aos seus próprios discípulos! Antes de Jesus instituir a ceia com seus discípulos naquele aposento superior, *ninguém no Antigo Testamento ou nos quatro evangelhos jamais havia participado dela*! Isso significa que, durante aquele longo período de tempo, ninguém foi salvo? Sabemos que Abraão, Isaque, Jacó, Raabe, Davi, os profetas, Isabel e Zacarias, Maria e José, bem como a mulher samaritana foram salvos sem, contudo, jamais terem participado da Ceia do Senhor. O ladrão na cruz nunca partilhou do pão e do cálice, não obstante, Cristo garantiu-lhe que ele iria para o céu (Lc 23.39-43). Jesus rejeita o soldado que confia nele durante os seus últimos minutos de vida no campo de batalha ou o moribundo em uma cama de hospital porque eles não participaram da Ceia do Senhor? Acho que não. O Senhor Jesus afirmou: "Asseguro a vocês que aquele que crê tem a vida eterna" (Jo 6.47). É a fé em Jesus Cristo, e somente a fé, que salva pecadores (Ef 2.8-9).

As instruções de Paulo com respeito à Ceia do Senhor (1Co 11.23-32) deixam claro que ela se destina aos cristãos. Não participamos da ceia para termos nossos pecados perdoados. Os que creem em Jesus devem confessar seus pecados antes de participarem, a fim de não se sujeitarem à disciplina do Senhor. Os incrédulos não sentam à mesa para serem salvos; eles não deveriam se sentar por nenhuma razão! E os que genuinamente creem, confessam os seus pecados primeiro e, então, se achegam à mesa, porque não é o comer e o beber que irão purificá-los. O caminho da purificação é a obediência ao texto de 1João 1.9.

Como, então, podemos "comer" a sua carne e "beber" o seu sangue? *Crendo em Jesus Cristo e recebendo a sua Palavra em nosso coração.* Jesus declarou: "O Espírito dá vida; a carne não produz nada que se aproveite. As palavras que eu disse são espírito e vida" (Jo 6.63). Na encarnação, "a Palavra tornou-se carne" (1.14) e os que creem "se alimentam" de Jesus, a Palavra viva, enquanto meditam na Palavra escrita. Pedro entendeu a mensagem, pois quando Jesus perguntou aos Doze se eles também não queriam ir com a multidão, ele recebeu a resposta que esperava. "Senhor, para quem iremos? Tu tens as palavras de vida eterna. Nós cremos e sabemos que és o Santo de Deus" (6.68-69). Creia em Jesus e receba a Palavra!

Quando cri em Cristo como meu Senhor e Salvador, o Espírito deu-me um apetite insaciável pela Palavra de Deus. Assim, a Bíblia tem sido a minha "dieta espiritual" desde 1945. Eu me "alimento" do Senhor Jesus Cristo diariamente por meio da leitura de sua Palavra e posso fazer coro às palavras de Jó: "Não me afastei dos mandamentos dos seus lábios" (Jó 23.12). O fato de Jesus comparar-se com um artigo tão comum como o pão demonstra a profundidade de sua humilhação. Igualmente, nos mostra que *não podemos viver sem ele*. O pão é chamado de "o esteio da vida", porque durante séculos tem sido o alimento primário da maioria dos seres humanos. Jesus Cristo é "o pão da vida", e não podemos ter vida espiritual – vida eterna – sem ele.

Os milagres. Em vez de aceitar o Messias prometido, a multidão começou a debater com Jesus. Os judeus contrastaram o milagre da multiplicação de Cristo, alimentando mais de cinco mil pessoas, com o milagre do maná, ao tempo de Moisés, quando Deus providenciou "pão do céu" (Êx 16; veja também Sl 78.24). Jesus providenciou pão aos judeus uma única vez, porém Moisés alimentou os judeus no deserto seis vezes por semana, durante trinta e oito anos. Além disso, Moisés alimentou toda uma nação, mas Cristo somente alguns milhares. Jesus tomou emprestado um pequeno lanche de um menino para fornecer o pão, porém Moisés fez descer o pão diretamente dos céus.

No entanto, o Senhor Jesus enfatizou que a perspectiva do povo era totalmente equivocada! Seu milagre era muito mais grandioso do que qualquer outro feito de Moisés, pois o maná nada mais era do que um retrato do Filho de Deus, que igualmente desceria do céu para ser o pão da vida. Em seu sermão na sinagoga, Cristo contrastou Moisés e o maná do Antigo Testamento consigo mesmo como o pão da vida. A expressão "pão da vida" pode significar "pão vivo" ou o "pão que dá vida." O resumo a seguir mostra a grandeza de Jesus e quão imperativo é para os pecadores confiarem nele e receberem a vida eterna.

O maná do Antigo Testamento	**Jesus, o pão da vida**
Satisfez temporariamente uma necessidade física	Satisfaz eternamente uma necessidade espiritual
Sustentava apenas a vida física	Concede vida eterna
Para apenas uma nação (Israel)	Para toda a humanidade (Jo 6.51)

Apenas por trinta e oito anos	Desde Adão até o fim dos tempos
Sem qualquer custo ao Senhor	Por alto preço: Jesus teve que morrer
Apenas adiou a morte física	Derrotou a morte espiritual
Deus enviou uma dádiva	Deus enviou o doador de todas as dádivas

Por cinco vezes em seu sermão, Jesus afirmou que havia descido "do céu" (Jo 6.33, 38, 50, 51, 58). Por duas vezes, a multidão o questionou (vv. 41, 42) e, por cinco vezes, Cristo disse que havia sido enviado por seu Pai (vv. 29, 38, 39, 44, 57). As dez afirmações de Jesus apontam para uma tremenda verdade: ele é o Filho de Deus, que desceu à terra enviado por seu Pai. Igualmente, o maná do Antigo Testamento desceu do céu porque o Pai o enviou, tornando-se uma figura do Senhor Jesus Cristo.

Para começar, o maná era uma substância misteriosa que não podia ser explicada. De fato, a própria palavra *maná* é uma forma da expressão em hebraico *man hu*, que significa "Que é isso?" (veja Êx 16.15). Paulo chamou Jesus de "o mistério da piedade" (1Tm 3.16). Uma vez que Jesus já existiu na eternidade, muito antes mesmo de Maria ter nascido, ele não poderia ter nascido de uma concepção natural. Cristo foi concebido pelo Espírito Santo no ventre virginal de Maria (Lc 1.26-38) e, portanto, era tanto humano quanto divino, o eterno e puro Filho de Deus. Não somos capazes de explicar o mistério da piedade, porém podemos agradecer a Deus e compartilhar essa bênção!

O texto de Êxodo 16.14 descreve o maná como "flocos finos semelhantes a geada", e o versículo 31 informa que era branco como semente de coentro e tinha gosto de bolo de mel. O termo "branco" fala sobre pureza, e o pequeno tamanho da semente remete à humildade. Ambos descrevem o Senhor Jesus. Deus enviou o maná exatamente onde o povo estava acampado, e, assim, não era necessário ir em busca dele. Em sua encarnação,

Cristo veio até nós, tornando-se como nós, exceto por não haver pecado nele. O maná caiu durante a noite, assim como Jesus veio a um mundo envolto em trevas pelo pecado (Mt 4.15-16). O maná não se deteriorava porque vinha junto com o orvalho, tal como Cristo estava neste mundo, porém não era dele, pois era cheio do Espírito Santo, que o guiava e o capacitava (Jo 17.13-18; Nm 11.9).

Durante trinta e oito anos, o maná foi suficiente para satisfazer as necessidades físicas dos israelitas. Tudo o que eles tinham de fazer era levantar-se bem cedo ("Busquem o Senhor enquanto se pode achá-lo", Is 55.6), inclinar-se ("Portanto, humilhem-se", 1Pe 5.6), apanhar o pão celestial e comê-lo ("Provem e vejam como o Senhor é bom", Sl 34.8). *Se não recolhessem o maná, eles pisariam nele* (Hb 10.29)! A multidão que ouvia Jesus deu as costas ao pão da vida. Que tragédia! As pessoas rejeitaram Cristo e retornaram à sua labuta diária a fim de comprarem o pão que não poderia satisfazê-los. O mesmo ainda ocorre em nossos dias. Apesar de Jesus ter entregado a sua vida pela salvação do mundo (Jo 6.51), o mundo o rejeitou. Porém, o Pai prossegue utilizando a Palavra para atrair pecadores ao seu Filho (vv. 44-45). Os que se achegam pela fé (vv. 35, 37, 44-45, 65) não serão rejeitados (v. 37). Deus, nosso Salvador, "deseja que todos os homens sejam salvos" (1Tm 2.4), "não querendo que ninguém pereça, mas que todos cheguem ao arrependimento" (2Pe 3.9).

O disfarce. Os notáveis eventos registrados em João 6 não são concluídos com o elogio de Jesus a Pedro, mas com a advertência a Judas (vv. 66-71). No texto original, em grego, Judas Iscariotes é citado oito vezes no evangelho de João (6.71; 12.4; 13.2, 26, 29; 18.2-3, 5), e este é o primeiro exemplo. Pedro achou que falava por ele e pelos demais apóstolos quando afirmou a sua lealdade a Cristo, porém ele e os outros dez não faziam a menor ideia de que Judas era um enganador e que iria entregar Jesus aos seus inimigos. Claro que Jesus sabia disso, chamando-o de "diabo" (acusador, difamador). Durante o tempo em que andou com Cristo, Judas teve inúmeras oportunidades de estudar cuidadosamente o Mestre, ouvir as suas mensagens e testemunhar os seus milagres. *Não obstante, no fim das contas, ele rejeitou Cristo e o traiu!*

Judas usou o seu disfarce religioso com tamanha eficiência que nenhum dos demais apóstolos sequer suspeitou de que ele era um descrente e um impostor.

No que se refere a tomar uma decisão sobre Jesus Cristo, dispomos de três opções: (1) crer nele e ser salvo, como fizeram onze dos apóstolos; (2) rejeitá-lo, mas fingir ser salvo, como fez Judas; ou (3) rejeitá-lo abertamente e dar-lhe as costas, tal como a multidão. Em sua parábola sobre o joio e o trigo (Mt 13.24-30, 36-43), Jesus deixou claro que há falsos cristãos, como Judas, em meio aos genuínos filhos de Deus, mas no fim dos tempos eles serão expostos e condenados. Satanás é um impostor que pode se passar por um anjo de luz, assim como os seus servos (2Co 11.13-15). Judas não perdeu a sua salvação (como se isso fosse possível) porque ele jamais foi salvo, para início de conversa. Não é de se admirar, portanto, que Cristo tenha advertido sobre os falsos cristãos (Mt 7.21-23) e Paulo tenha escrito: "Examinem-se para ver se vocês estão na fé; provem a vocês mesmos" (2Co 13.5).

Vivemos em meio a um mundo repleto de pessoas famintas que buscam a realidade e não conseguem encontrá-la. Tais pessoas estão desperdiçando dinheiro naquilo que não é pão, e seu trabalho árduo naquilo que não satisfaz (Is 55.2). Por quê? Porque nós, que estamos desfrutando do banquete, não lhes contamos a respeito de Jesus, o pão da vida, ou não temos contribuído para possibilitar que outros contem a elas. Um dia nos dirão: "Pois eu tive fome e vocês não me deram de comer", e nosso Senhor dirá: "Digo a verdade: o que vocês deixaram de fazer a alguns destes mais pequeninos, também a mim deixaram de fazê-lo" (Mt 25.42, 45).

E o que *nós* diremos?

4

A luz do mundo

Eu sou a luz do mundo. Quem me segue, nunca andará em trevas, mas terá a luz da vida.

João 8.12

Enquanto é dia, precisamos realizar a obra daquele que me enviou. A noite se aproxima, quando ninguém pode trabalhar. Enquanto estou no mundo, sou a luz do mundo.

João 9.4-5

Era a terra sem forma e vazia; trevas cobriam a face do abismo, e o Espírito de Deus se movia sobre a face das águas. Disse Deus: "Haja luz", e houve luz. Deus viu que a luz era boa, e separou a luz das trevas. Deus chamou à luz dia, e às trevas chamou noite. Passaram-se a tarde e a manhã; esse foi o primeiro dia.

Gênesis 1.2-5

Pois Deus que disse: "Das trevas resplandeça a luz", ele mesmo brilhou em nossos corações, para iluminação do conhecimento da glória de Deus na face de Cristo.

2Coríntios 4.6

Nele estava a vida, e esta era a luz dos homens. A luz brilha nas trevas, e as trevas não a derrotaram.

João 1.4-5

Este é o julgamento: a luz veio ao mundo, mas os homens amaram as trevas, e não a luz, porque as suas obras eram más.

João 3.19

Por mais um pouco de tempo a luz estará entre vocês. Andem enquanto vocês têm a luz, para que as trevas não os surpreendam, pois aquele que anda nas trevas não sabe para onde está indo. Creiam na luz enquanto vocês a têm, para que se tornem filhos da luz.

João 12.35-36

A escuridão mais profunda que já vivenciei foi durante uma excursão à caverna do Mamute, no Kentucky. O grupo havia acabado de entrar em uma gruta muito mais profunda e nosso guia nos informou que as luzes estavam para ser momentaneamente apagadas. Fomos instruídos a não nos movermos até as luzes retornarem, e ninguém teve qualquer problema para obedecer àquela instrução! Pela primeira vez, compreendi o que Moisés quis dizer quando descreveu a nona praga no Egito como "trevas tais que poderão ser apalpadas" (Êx 10.21-23). É impossível explicar isso, mas podíamos sentir a escuridão e ficamos muito felizes quando as luzes foram acesas novamente.

As pessoas que vivem neste planeta estão familiarizadas com a sequência de dia e noite, de maneira que não causa surpresa o fato de, em muitas linguagens, *luz* e *trevas* serem usadas como metáforas. Em geral, luz simboliza o que é bom e trevas, o que é mau. Por exemplo, se você não entende o que está acontecendo, está "no escuro." Por outro lado, quando compreende, está "iluminado." Nas Escrituras, a luz fala de Deus ("Deus é luz", 1Jo 1.5), e as trevas relacionam-se ao pecado e a Satanás (Jo 3.19-21; At 26.18). Os pecadores realizam as "obras das trevas" (Rm 13.12), enquanto o povo de Deus deveria viver como "filhos da luz" (Ef 5.8-13). Jesus chamou o inferno de "trevas exteriores" (Mt 8.12, 25.30 – ARA), porém o texto de Apocalipse 21.25 nos revela que não haverá noite no céu. Os incrédulos estão perdidos nas trevas (Jo 12.46), enquanto os que creem foram chamados "das trevas para a sua maravilhosa luz" (1Pe 2.9).

Quando João Batista surgiu em cena anunciando a chegada do Messias, "ele veio como testemunha, para testificar acerca da luz [Jesus]" (Jo 1.7). *As únicas pessoas para quem você precisa dizer que a luz está brilhando são as pessoas cegas!* Muitos creram nas palavras de João, se arrependeram de seus pecados e tiveram os seus olhos abertos para a verdade, porém os líderes religiosos da nação permaneceram em trevas. Eles achavam que podiam ver e que as pessoas comuns é que eram ignorantes, porém a realidade era exatamente oposta. As pessoas comuns do povo acreditaram em João e seguiram Jesus, enquanto os "líderes espirituais" resistiram à verdade de Deus (veja Mt 21.23-27). Alguns chegaram a dizer que Cristo era um bêbado, um glutão e um homem possuído por demônio.

Hoje, assim como naqueles dias, as trevas mais perigosas de nossa "era iluminada" são as densas trevas espirituais que cegam a mente e controlam o coração daqueles que jamais confiaram em Cristo ou que reivindicam conhecê-lo, mas não o seguem. Jesus veio para dissipar a escuridão espiritual e para conseguir isso teve que enfrentar as trevas e passar pelo sofrimento da cruz. Conforme descrito pelo profeta Isaías: "O povo que caminhava em trevas viu uma grande luz; sobre os que viviam na terra da sombra da morte raiou uma luz" (Is 9.2; veja também Mt 4.15-16).

Para viver como "filhos da luz", precisamos compreender e, pessoalmente, aplicar as verdades compartilhadas por Jesus quando ele afirmou: "Eu sou a luz do mundo" (Jo 8.12). Consideremos três aspectos dessa afirmação de nosso Senhor.

O CENÁRIO

O contexto de João 7-9 é a celebração da festa anual dos tabernáculos (7.2-3, 14, 37), que os judeus realizavam por oito dias no sétimo mês do calendário judaico, e que, em nosso sistema de contagem de tempo, corresponde a algum período entre meio de setembro a meados de outubro (Lv 23.33-44). Não era apenas um evento de alegre gratidão pela colheita, mas igualmente era uma celebração pelo cuidado de Deus com relação aos seus ancestrais quando viveram em tendas temporárias durante os anos de peregrinação no deserto. Durante o festival, muitas pessoas residiam em cabanas feitas de ramos e árvores instaladas nos telhados de suas casas. Jerusalém ficava repleta de visitantes e agitada com a celebração, composta de canções e dança, desfile de tochas e, até mesmo, pessoas marchando ao redor dos muros da cidade relembrando a grande vitória de Israel sobre a cidade de Jericó (Js 6).

Bem cedo de manhã, durante aquela semana, alguns sacerdotes carregavam água retirada do poço de Siloé e a derramavam no lado oeste do altar de bronze, situado no pátio do templo. Isso relembrava o povo de como Deus providenciara água para seus ancestrais durante a árdua jornada até Canaã. Esse ritual também deveria lembrar ao povo acerca das palavras de Isaías: "Com alegria vocês tirarão água das fontes da salvação" (Is 12.3). No último dia do festival, Jesus usou o evento do derramamento de água como uma oportunidade de dizer às pessoas que ele podia saciar a sede espiritual delas por meio da confiança nele e pelo recebimento do dom do Espírito: "Se alguém tem sede, venha a mim e beba" (Jo 7.37-39).

À noite, também durante a semana, os sacerdotes acendiam os quatro grandes candelabros no pátio das mulheres, e o brilho daquela luz podia ser visto por toda a cidade, relembrando os judeus da coluna de fogo com a qual Deus conduziu o povo de Israel em meio à escuridão. Porém, era igualmente um símbolo da nuvem da glória do Altíssimo que seguia adiante da nação durante o dia e pairava sobre o tabernáculo quando o povo acampava (Êx 13.21-22; 40.34-38; Nm 14.14). "O SENHOR é a minha luz e a minha salvação" (Sl 27.1). "A tua palavra é lâmpada que ilumina os meus passos e luz que clareia o meu caminho" (Sl 119.105). "Levante-se, refulja! Porque chegou a sua luz, e a glória do SENHOR raia sobre você" (Is 60.1). Será que os celebrantes no tempo de Cristo pensavam nestes versículos?

As pessoas que conheciam as Escrituras Sagradas deveriam se lembrar de que o profeta Ezequiel descrevera a glória de Deus deixando o templo de Jerusalém antes de a cidade ser destruída pelos babilônios (Ez 9-11). No tempo do profeta Samuel, elas puderam dizer: "Icabode: 'A glória se foi de Israel'" (veja 1Sm 4.21). Quando os sacerdotes estavam apagando os candelabros ao final do festival, talvez Jesus tenha exclamado: "Eu sou a luz do mundo!"

O SIGNIFICADO

Era adequado ao povo judeu observar essa festa porque Deus assim havia ordenado. No entanto, foi trágico porque, em suas inúmeras e alegres atividades, *os judeus ignoraram o Filho de Deus, o único capaz de abençoá-los*! Jesus teve que se levantar e elevar a voz para atrair a atenção deles. A verdade divina havia sido substituída pela tradição instituída pelo homem. Em nenhum lugar o Senhor ordenou aos sacerdotes que acendessem grandes candelabros ou derramassem água no altar. Não havia nada de essencialmente pecaminoso em ambas as atividades, porém, a não ser que os sacerdotes e o povo elevassem a mente e o coração ao Senhor e experimentassem transformação de vida, aquelas tradições eram totalmente inúteis. Quando as tradições humanas tomam o lugar da Palavra de Deus, então a ilusão substitui a realidade. Nós nos gloriamos no passado, porém jamais crescemos no presente.

Elevado valor pode ser encontrado na celebração de tradições significativas, transmitidas de geração em geração. Cada nação, cidade e família as possui. O próprio termo *tradição* origina-se do latim *traditio*, cujo significado é, simplesmente, "legar." Quando Paulo elogia os cristãos de

Corinto por se "apegarem às tradições" (1Co 11.2), o apóstolo se referia aos mandamentos que ele próprio recebera do Senhor e que fielmente havia transmitido a eles, incluindo-se a observância da Ceia do Senhor (vv. 23-26). A tradição por si só não é errada, porém o erro está em observá-la de uma forma rotineira e sem significado, ignorando o Filho de Deus. O falecido teólogo e historiador da igreja Jaroslav Pelikan escreveu: "Tradição é a fé viva dos mortos; tradicionalismo é a fé morta dos vivos."[1] No tempo de nosso Senhor, os fariseus praticavam e protegiam as suas tradições legalísticas e criticavam Jesus por negligenciá-las. Cristo, porém, rejeitou tanto as tradições quanto o legalismo que os cegava (Mt 7.1-23). Contudo, antes de criticarmos os fariseus em demasia, examinemos as nossas próprias igrejas e vejamos se, por acaso, as nossas práticas também não representam "a fé morta dos vivos." A tradição piedosa, nascida da verdade bíblica, de um ministério amoroso e de uma profunda experiência espiritual, é por demais preciosa para ser abusada ou ignorada.

Quando os sacerdotes extinguiram a chama dos candelabros, localizados no pátio das mulheres, dando por encerrado o festival, o Senhor Jesus exclamou: "Eu sou a luz do mundo. Quem me segue, nunca andará em trevas, mas terá a luz da vida" (Jo 8.12). Ele não condenou a tradição dos judeus. Simplesmente pediu-lhes que permitissem que aquela tradição apontasse para ele próprio. Os judeus tinham luz em seu templo, porém trevas espirituais em seu coração e em sua mente. Apesar de suas alegres festividades religiosas, os sacerdotes e o povo estavam mortos em seus pecados, e o festival em si mesmo jamais poderia lhes dar vida. Cristo ofereceu-lhes vida – eterna – se apenas e tão somente eles cressem nele e o seguissem.

Em resumo, Jesus desejava que eles tivessem uma bênção duradoura *no tempo presente* e somente ele era capaz de conceder tal bênção. Os judeus olhavam apenas para o passado, relembrando o que o Criador havia feito por seus ancestrais, quando Deus queria *naquele mesmo dia* dar-lhes a água e a luz da vida! "Luz" é um dos nomes do Messias, com base na frase "e a luz habita com ele [Deus]", em Daniel 2.22, e, decerto, os líderes religiosos judeus sabiam disso. Eles igualmente conheciam a profecia de Malaquias 4.2: "Mas para vocês que reverenciam o meu nome, o sol da justiça se levantará trazendo cura em suas asas." Durante o festival, eles estavam derramando água, acendendo candelabros, vivendo em tendas e desfrutando de um período jubiloso, *não obstante eles nada tinham a celebrar porque ignoraram Jesus*.

Cristo conhecia a lamentável condição espiritual do povo, em especial a dos líderes religiosos. "Porque vendo, eles não veem e, ouvindo, não ouvem nem entendem... Pois o coração deste povo se tornou insensível; de má vontade ouviram com os seus ouvidos, e fecharam os seus olhos" (Mt 13.13, 15; veja também Is 6.9-10). Eles não sabiam quem Jesus era e, *tampouco, estavam dispostos a investigar* (Jo 8.25). Declaravam Deus como seu Pai espiritual (v. 41) e Abraão como seu pai ancestral (v. 39) quando, na verdade, eram filhos de Satanás (v. 44). Israel enfrentou um julgamento muito maior que os "impuros" gentios porque receberam muito mais luz e, ainda assim, a rejeitaram (vv. 39-45).

Os líderes religiosos judeus podiam ver o sol no céu (Jo 8.2), porém não conheceram o Filho que descera dos céus para salvá-los. Eles não o amaram (v. 42), não o compreenderam (v. 43), não creram nele (v. 45) ou o honraram (v. 49), nem conheciam realmente o Pai (vv. 54-55). Em vez de ouvirem atentamente Jesus e crerem em suas palavras, eles discutiram com ele e, por consequência, o rejeitaram. As trevas da descrença e da impiedade os estavam sobrepujando.

Em nosso mundo físico, o sol é "a luz do mundo", mas, no reino espiritual, Jesus é *a* Luz, e não há outro. Em nossa galáxia, tudo depende do sol, e sem ele haveria apenas trevas e morte. Satanás é capaz de se disfarçar em anjo de luz (2Co 11.13-15), mas Jesus é a única Luz verdadeira (Jo 1.9). "Pois há um só Deus e um só mediador entre Deus e os homens: o homem Cristo Jesus" (1Tm 2.5). Se você crê em Cristo como seu Salvador e Senhor, não precisa de nenhum anjo ou santo no céu, tampouco de alguma pessoa neste mundo, para representá-lo diante de Deus. Jesus é o seu Mediador, Advogado (1Jo 2.1-2 – ARA) e Sumo Sacerdote, intercedendo por você diante do trono de Deus (Hb 4.14-16). Assim como o sol é suficiente para prover luz ao nosso planeta, Jesus é suficiente para iluminar sua igreja.

O sol é o centro do nosso sistema solar, e o planeta Terra orbita ao redor dele. Jesus está no centro de todas as coisas relacionadas ao Pai e à sua igreja e, assim, devemos mantê-lo no centro de tudo. Cristo jamais deve ser deixado à margem. O apóstolo João teve uma visão de Jesus entre as sete igrejas da Terra (Ap 1.13), como também "no centro do trono" no céu (Ap 5.6; 7.17). Quando viveu aqui, neste mundo, Cristo esteve entre os mestres, no templo (Lc 2.46), e prometeu estar no meio de seu povo sempre que este se reunisse em seu nome (Mt 18.20). Em sua crucificação, Cristo foi colocado entre dois ladrões, acessível a ambos, e após a ressurreição ele apresentou-se entre os seus discípulos (Lc 24.36; Jo 20.19, 26). Jesus no meio!

No entanto, por que Jesus Cristo foi retratado no centro das coisas? Para nos lembrar que ele "em tudo tem a supremacia" (Cl 1.18). É triste haver pessoas em nossas igrejas que são como Diótrefes, que amam desfrutar de preeminência (3Jo 9).

Durante os muitos anos de meu ministério itinerante, preguei a mais de uma igreja cuja congregação foi dividida e quase destruída por membros que desejavam ser importantes e fazer tudo da maneira deles. Mas não deveríamos nos surpreender pelo fato de alguns cristãos se autopromoverem, afinal, mesmo os apóstolos discutiram sobre quem dentre eles era o maior (Lc 9.46; 22.24). Porém, Cristo os advertiu: "Pois todo aquele que a si mesmo se exaltar será humilhado, e todo aquele que a si mesmo se humilhar será exaltado" (Mt 23.12).

Se o sol se extinguisse, a vida em nosso planeta, como a conhecemos, seria igualmente extinta. Jesus é "a luz da vida", mas somente para aqueles que confiam nele e o seguem. Sim, o Pai "faz raiar o seu sol sobre maus e bons" (Mt 5.45), porém o Filho de Deus faz brilhar a sua graça e sua glória apenas sobre os que confiam e obedecem. "Se, porém, andamos na luz, como ele está na luz, temos comunhão uns com os outros, e o sangue de Jesus, seu Filho, nos purifica de todo pecado" (1João 1.7).

Quando temos comunhão com o Senhor, meditamos na palavra e obedecemos ao que ele nos ordena, a luz de Deus brilha "em nossos corações, para iluminação do conhecimento da glória de Deus na face de Cristo" (2Co 4.6). Não somente aprendemos mais sobre Jesus, como também *nos tornamos* mais como Cristo, "transformados com glória cada vez maior, a qual vem do Senhor, que é o Espírito" (2Co 3.18). A parte mais importante de nossa vida é aquela que somente Deus vê, ou seja, nosso período de adoração diária com ele; e ignorar esse privilégio, ou não dar a devida importância, nos levará gradualmente dos raios solares celestiais para as sombras terrenas.

A nação de Israel foi escolhida para ser "uma luz para os gentios" (Is 42.6; 49.6), um privilégio que Deus, no devido tempo, concedeu a Paulo e à igreja (At 13.47). Jesus acompanhou os líderes religiosos judeus acendendo os candelabros a cada noite, mas aquela luz não transformou ninguém. As pessoas permaneceram tão cegas quanto antes. Os judeus podem ter se gabado do texto de Isaías 42.6 (Rm 2.17-24), porém ignoraram o versículo seguinte: "para abrir os olhos aos cegos, para libertar da prisão os cativos e para livrar do calabouço os que habitam na escuridão."

Contudo, foi exatamente o que Cristo fez, conforme relatado em João 9, e ainda faz hoje, por meio de seus fiéis servos. Vamos observá-lo e aprender como fazer isso.

OS VIVOS

Cansado e enfermo, James Hudson Taylor foi visitar alguns amigos em Brighton, Inglaterra, na esperança de desfrutar de descanso e enriquecimento espiritual. Era um domingo, 25 de junho de 1865, e ele havia acompanhado seus amigos ao culto matutino, porém Taylor não "conseguia suportar a visão de multidões se regozijando na casa de Deus."[2] Ele abandonou a reunião e caminhou até a praia com o coração sobremaneira apertado. Como era possível tantos cristãos expressarem tanto júbilo e, não obstante, fazerem tão pouco para compartilhar aquela alegria com os perdidos, em especial os perdidos na China? Naquela manhã de domingo, Hudson Taylor decidiu que, com o auxílio do Senhor, começaria uma missão com o objetivo de alcançar os perdidos no interior chinês. Dois dias mais tarde, ele foi ao banco London and County e, com uma nota de 10 libras, abriu uma conta em nome da Missão para o Interior da China.

Esse extrato da história cristã me faz lembrar o que Jesus fez, conforme registrado ao final do capítulo 8 de João. Era o derradeiro dia daquela longa semana dedicada à Festa dos Tabernáculos e as pessoas estavam celebrando no templo. Ao mesmo tempo, os seus líderes religiosos estavam rejeitando o próprio Messias, presente entre eles. Na verdade, estavam a ponto de apedrejá-lo! Imperturbável, Cristo calmamente deixou a área do templo *e obedeceu ao que está escrito em Isaías 42.7 ao conceder luz a um mendigo cego*: "Para abrir os olhos aos cegos, para libertar da prisão os cativos e para livrar do calabouço os que habitam na escuridão."

Hoje, não vemos Jesus fisicamente caminhando nas ruas de nossas cidades, mas seu povo está aqui para representá-lo e espalhar a luz. Milhões de pessoas professam ser seguidores do Senhor, de modo que deveria haver muita luz neste mundo. Contudo, tudo parece estar cada vez mais escuro. Cristo nos promete que, se o seguirmos, andaremos na luz, não nas trevas, e que essa luz nos dará vida. Ainda, assevera que nós *seremos* luzes em meio a este mundo escuro e ajudaremos outros a encontrar a verdadeira Luz. "Vocês são a luz do mundo", disse Jesus. "Não se pode esconder uma cidade construída sobre um monte. E, também, ninguém acende uma candeia e a coloca debaixo de uma vasilha. Pelo contrário, coloca-a no lugar apropriado, e assim ilumina a todos os que estão na casa. Assim brilhe a luz de vocês diante dos homens, para que vejam as suas boas obras e glorifiquem ao Pai de vocês, que está nos céus" (Mt 5.14-16). Paulo afirmou o mesmo com estas palavras: "Porque outrora vocês eram trevas, mas agora são luz no Senhor. Vivam como filhos da luz" (Ef 5.8).

A multidão festiva no templo não impressionou Jesus, tampouco os furiosos líderes religiosos que desejavam matá-lo. Ele simplesmente saiu do meio da multidão e foi ajudar um homem cego em desesperada necessidade. Cristo deixara as pessoas que eram espiritualmente cegas para curar um homem fisicamente cego. Nosso Senhor deu as costas aos líderes religiosos que o rejeitaram para ministrar a um pobre homem que lhe obedeceu e terminou por adorá-lo! No templo, Jesus expôs a escuridão e foi rejeitado, porém ao mendigo ele trouxe luz e foi venerado. Mais de uma vez o registro bíblico nos conta que o Senhor saiu da multidão a fim de ministrar a indivíduos, uma prática que, decerto, incomodaria os cristãos de hoje que avaliam o ministro apenas com base em números.

O modo como olhamos para outras pessoas determina o quanto podemos auxiliá-las. Para os discípulos de nosso Senhor, o mendigo cego constituía um problema teológico a ser discutido e não uma pessoa em apuros que necessitava de ajuda. Talvez eles tenham argumentado sobre se o mendigo era digno de ajuda ou não, pois se os seus pais é que tinham pecado, então o homem não poderia ser responsabilizado por sua cegueira. No entanto, Jesus rejeitou totalmente o ponto de vista deles, mantendo o foco no homem e em suas necessidades. Na próxima vez que você cantar "Só em pensar em ti, Jesus", lembre-se de que o autor, Bernard de Clairvaux, afirmou: "A justiça busca os méritos do caso, mas a piedade só observa a necessidade." Os discípulos queriam justiça; Cristo optou pela misericórdia.

Suponha que lá, em 1945, Jesus tivesse me perguntado se eu merecia ser salvo. Claro que não merecia a salvação. Eu não a merecia naquela época e continuo não merecendo! Confiei nele, e, em sua misericórdia, Cristo não me deu o que eu merecia: julgamento. Mas, em sua graça, ele me concedeu o que eu não merecia: salvação! "Pois ele nos resgatou do domínio das trevas e nos transportou para o Reino do seu Filho amado, em quem temos a redenção, a saber, o perdão dos pecados" (Cl 1.13-14). Cristo é a nossa Luz, e nós confiamos nele; o Senhor é o nosso Líder, e nós o seguimos; ele é a nossa vida, e crescemos nele e o revelamos a este mundo que jaz nas trevas.

Nos dias de Jesus, os líderes religiosos e a maioria das pessoas comuns não conseguiam enxergar quem ele era, nem as próprias Escrituras Sagradas que eles reivindicavam obedecer. Cristo lhes disse: "Vocês estudam cuidadosamente as Escrituras, porque pensam que nelas vocês têm a vida eterna. E são as Escrituras que testemunham a meu respeito; contudo, vocês não querem vir a mim para terem vida" (Jo 5.39-40). Ao confiarmos em Jesus e o seguirmos, somos capacitados por ele *a ver as coisas como elas realmente são*. Os judeus gabavam-se de seu templo, porém Jesus tinha ciência de que chegaria o dia em que os romanos destruiriam o templo de Herodes. Igualmente, os judeus se orgulhavam de seu grande antecessor, Abraão, mas Jesus afirmou que o primeiro nascimento não era suficiente e que as pessoas necessitavam nascer de novo (Jo 3). Os judeus e seus vizinhos samaritanos mantinham debates sobre se Jerusalém ou o monte Gerizim era o local correto de culto indicado por Deus. No entanto, Jesus disse-lhes que esquecessem a geografia e cultuassem o Altíssimo "em espírito e em verdade" (Jo 4.24). Os sacerdotes derramavam água na Festa dos Tabernáculos sem perceberem que a água representava o derramamento prometido do Santo Espírito (Jo 7.37-39).

Davi expressou isso lindamente ao escrever: "Pois em ti está a fonte da vida; graças à tua luz, vemos a luz" (Sl 36.9). Não podemos receber luz da história, da ciência ou de qualquer outra disciplina a não ser que a luz de Deus incida sobre isso antes. A Palavra de Deus é luz (Sl 119.105, 130), bem como o Espírito de Deus é luz (Ap 4.5), e se nos rendermos ao Espírito e vivermos na Palavra, o Criador nos ensinará. Sem o ministério do Espírito Santo, a Bíblia é um livro fechado. Além disso, quando seguimos Jesus e andamos em sua luz, enxergamos este mundo e suas perigosas ilusões como eles realmente são e não somos enganados. "Mas vocês têm uma unção que procede do Santo, e todos vocês têm conhecimento" (1Jo 2.20).

Jesus disse aos judeus: "E conhecerão a verdade, e a verdade os libertará" (Jo 8.32), mas eles não compreenderam o que o Senhor estava dizendo. Por haverem rejeitado a luz, eles entenderam que Jesus estava falando sobre liberdade política da escravidão quando, na verdade, Cristo estava se referindo à liberdade espiritual do pecado.

A maneira como Cristo curou o pedinte cego nos ajuda a compreender como nós, os "filhos da luz" (1Ts 5.5), podemos compartilhar o amor de Deus e sermos usados por ele para abrirmos os olhos daqueles que estão cegos espiritualmente. Primeiro, Jesus colocou barro nos olhos do homem cego, o que deve ter parecido um ato cruel aos que assistiam à cena, mas o Senhor Jesus sabia muito bem o que estava fazendo. Ele poderia curar a cegueira apenas tocando os olhos (Mt 9.27-31) ou cuspindo neles (Mc 8.22-26). Contudo, a irritação oriunda do barro encorajou o homem a obedecer às instruções de Jesus: "Vá lavar-se no tanque de Siloé" (Jo 9.7). Ao testemunharmos os perdidos, não devemos falhar em lidar com o pecado, porque não pode haver conversão sem convicção e contrição. O apóstolo João explica aos leitores gentios que "Siloé" significa "Enviado" (v. 7) e vê isso como uma referência ao Messias, que foi enviado pelo Pai (veja também Jo 3.17, 34; 5.36; 7.29; 8.18, 42; 9.4). O mendigo foi curado por Jesus, não pela água do tanque de Siloé.

Ciente de que isso enfureceria os fariseus, o Senhor Jesus deliberadamente curou aquele homem em um sábado, e isso alimentou uma controvérsia. Em uma tentativa de reunir provas contra Cristo, os líderes religiosos interrogaram o mendigo e seus pais, sendo que por quatro vezes lhe perguntaram como ele havia sido curado (Jo 9.10, 15, 19, 26). Os pais foram evasivos porque não queriam ser expulsos da sinagoga, mas o mendigo manteve-se fiel ao seu testemunho. De fato, o seu testemunho tornou-se tão pessoal e poderoso que os furiosos fariseus o insultaram e o expulsaram da sinagoga. Isso era uma experiência trágica para um judeu, pois significaria ser afastado do culto oficial e da comunhão social. Porém, era melhor que ele pudesse enxergar e construir a sua própria vida do que permanecer um pedinte cego até morrer. E Jesus sempre cuida de suas ovelhas. Cristo encontrou o homem no templo e lá lhe abriu os olhos espirituais (Ef 1.18), trazendo-o para junto do rebanho do Senhor (Jo 9.35-38).

É maravilhoso ver como esse homem cresceu em seu conhecimento sobre quem Jesus era. "O homem chamado Jesus" (Jo 9.11) foi a sua primeira declaração sobre Cristo, mas, então, ele acrescentou: "Ele é um profeta" (v. 17). Os fariseus chamaram Jesus de pecador, pois, afinal, ele havia desonrado o sábado. Contudo, o mendigo chamou-o de um homem de Deus (v. 33). Quando Jesus o encontrou no templo, o pedinte descobriu que esse "pecador" era, na verdade, o Filho do homem, um título do Messias (vv. 35-38; veja também Dn 7.13-14), e o adorou. Um dia, nós encontraremos no céu esse cego que foi curado e ouviremos de seus próprios lábios o testemunho do que o Salvador fez por ele.

Você percebeu como Jesus moveu-se do universal ("a luz do mundo") para o individual ("quem me segue", João 8.12)? Isso porque ele traz a sua luz para o mundo por meio das boas obras de seus próprios discípulos. James Hudson Taylor e seus associados foram luzes brilhando na China, assim como você e eu devemos ser luzes brilhantes onde quer que Deus nos coloque. A frase "boas obras" inclui muitas coisas, desde visitar o solitário e alimentar o faminto até ensinar o ignorante, assistir os necessitados e encorajar os desanimados. Tudo isso sempre inclui compartilhar as boas-novas de Jesus e buscar amar os outros como Jesus nos ama.

Em nosso mundo moderno, estamos tão acostumados às luzes elétricas de todos os tipos que nos esquecemos da escuridão espiritual que envolve o globo terrestre e cega a mente e o coração dos perdidos. Porém, a maior tragédia é que tais pessoas pensam ser "iluminadas", *quando a luz que há nelas é, na verdade, trevas.* Jesus disse: "Os olhos são a candeia do corpo. Quando seus olhos forem bons, igualmente todo o seu corpo estará cheio de luz. Mas quando forem maus, igualmente o seu corpo estará cheio de trevas. Portanto, cuidado para que a luz que está em seu interior não sejam trevas" (Lc 11.34-35; veja também Jo 9.39-41). Nosso olhar ajuda a determinar o nosso caráter e nossa conduta; e ambos determinam o resultado da vida. Obedecer a Jesus e seguir a Luz do Mundo significa tornar-se uma luz viva e evitar desilusões que levam a desvios rumo às trevas. Isso significa tornar-se o tipo de pessoa que pode conduzir outros ao Salvador de modo que eles também possam experimentar "a luz da vida."

5

A porta

"Eu asseguro a vocês que aquele que não entra no aprisco das ovelhas pela porta, mas sobe por outro lugar, é ladrão e assaltante. Aquele que entra pela porta é o pastor das ovelhas. O porteiro abre-lhe a porta, e as ovelhas ouvem a sua voz. Ele chama as suas ovelhas pelo nome e as leva para fora [...] Digo a verdade: Eu sou a porta das ovelhas [...] Eu sou a porta; quem entra por mim será salvo. Entrará e sairá, e encontrará pastagem."

João 10.1-3, 7, 9

No dia seguinte, João [Batista] viu Jesus aproximando-se e disse: "Vejam! É o Cordeiro de Deus, que tira o pecado do mundo! [...] Eu mesmo não o conhecia, mas por isso é que vim batizando com água: para que ele viesse a ser revelado a Israel."

João 1.29, 31

As imagens do pastor e da porta para o aprisco estão entrelaçadas em João 10 porque ambas se referem a Jesus. Isso explica como Cristo pode ser a porta do aprisco e, ao mesmo tempo, também, adentrar o aprisco e liderar as ovelhas para fora dele (vv. 2-5, 9). Em linguagem metafórica, a mistura de imagens não é incomum. Por exemplo, Jesus *é* o pão da vida (Jo 6.35) e, não obstante, ele *dá* o pão (ele mesmo) aos pecadores famintos. Ele fala a verdade (8.45), mas igualmente *é* a verdade (14.6). Ele concede a vida aos pecadores crédulos (6.50-51), porém ele *é* a vida (14.6). O próprio Jesus é a encarnação de toda bênção espiritual que ele deseja nos dar, pois "por estarem nele, que é o Cabeça de todo poder e autoridade, vocês receberam a plenitude" (Cl 2.10).

Se você considerasse João 10 um drama, o programa talvez fosse assim:

Elenco

Diretor: Deus, o Pai (citado 13 vezes em João 10)

A Porta e o Bom Pastor: Jesus Cristo, o Filho de Deus

Os Falsos Pastores: Ladrões, assaltantes, mercenários, forasteiros (líderes religiosos contrários a Jesus)

As Ovelhas: Cristãos verdadeiros, judeus e gentios

O Porteiro: João Batista

Hora e Lugar

João 10.1-21: O templo em Jerusalém após a celebração da Festa dos Tabernáculos e a cura do mendigo cego.

João 10.22-39: O templo em Jerusalém durante a Festa da Dedicação, dois meses e meio após os eventos registrados em João 9.1-10.21.

Ato I	João 10.1-10	**Jesus, a Porta**
Ato II	João 10.11-21	**Jesus, o Bom Pastor**
Ato III	João 10.22-39	**Jesus e as Verdadeiras Ovelhas**

Para o povo de Israel, a Festa da Dedicação (*Hanukkah*)[1] comemora a rededicação do templo, ocorrida em 165 a.C. Os invasores sírios haviam desonrado o templo, e os sacerdotes judeus o consagraram novamente. O festival dura oito dias, sendo celebrado em dezembro, quase no mesmo período que o Natal cristão. Também recebe o nome de Festival das Luzes. Nesta celebração, cada família judaica possui um candelabro especial de oito pontas[2], denominado *menorá*. Uma nova vela ou lâmpada é acesa a cada dia do festival até que todas as oito estejam acesas. Assim, cada família é relembrada de que a luz da verdade de Deus retornou ao templo de modo que o povo pudesse cultuar Jeová novamente.

O povo judeu sempre viu a sua nação como um rebanho de Jeová, cuidado pelo Senhor, o Pastor (Nm 27.15-17; 2Sm 24.17; Sl 23.1; 74.1; 77.20; 78.52; 70.13; 80.1; 100.3; Jr 23.1-4; Ez 34; Mt 15.24). A imagem do rebanho também é aplicada à igreja (Lc 12.32; At 20.28-29; Rm 8.36; Hb 13.20-21; 1Pe 5.2-3), e os líderes espirituais são conhecidos como "pastores" (Ef 4.11), termo originado da mesma palavra em latim.

Primeiramente, vamos considerar os aspectos físicos do aprisco e, então, teremos uma melhor compreensão sobre as lições espirituais que Jesus deseja nos transmitir. O chiqueiro das ovelhas era um recinto cercado por muros de rochas, altos o suficiente para impedir que as ovelhas saltassem sobre eles. Às vezes, os pastores colocavam ramos espinhosos no alto dos muros a fim de evitar que ladrões invadissem o aprisco. Uma abertura no muro permitia a entrada e a saída das ovelhas e, à noite, o pastor deitava-se ao longo daquela abertura, tornando-se a porta do aprisco. Nenhum animal conseguiria sair e nenhum inimigo conseguiria entrar sem que o pastor percebesse. Nos arredores de muitos vilarejos havia um aprisco comunitário para onde todos os pastores levavam os seus rebanhos a cada noite. Pela manhã, eles chamavam as suas ovelhas, e cada rebanho seguia o seu respectivo pastor para fora do aprisco e ninguém mais.

Cientes desses fatos, podemos agora meditar em Jesus Cristo como a Porta e aprender o que essa verdade significa para nós hoje. No próximo capítulo, iremos refletir sobre Jesus Cristo como o Bom Pastor.

A PORTA SIGNIFICA SEPARAÇÃO

Estamos tão acostumados às modernas e atrativas portas, algumas das quais abrem e fecham automaticamente, que uma simples abertura no muro pouco atrai a nossa atenção, mas aquela abertura era sobremaneira eficiente para os pastores. Durante o dia, enquanto o rebanho pastava, o pastor podia facilmente vigiar as ovelhas, porém, à noite, as ovelhas tinham que ser mantidas agrupadas dentro de muros seguros, com o pastor fazendo o papel de porta. Durante a noite, o rebanho separado da escuridão por aquela porta estava em segurança.

Acredito que dois apriscos estão envolvidos em João 10.1-10: o aprisco judeu, do qual Jesus retirou aqueles que creram nele (vv. 1-6), e o aprisco dos cristãos, para o qual Cristo conduziu tanto judeus quanto gentios, permitindo que entrem e saiam e desfrutem da nova vida de liberdade (vv. 7-10). Jesus veio como o Messias de Israel exatamente da maneira prometida pelas Escrituras. Ele era a semente de uma mulher judia, um descendente de Abraão (Gn 3.15; 12.3), nascido de uma virgem (Is 7.14), nascido em Belém, da tribo de Judá (Mq 5.2; Gn 49.10) e da casa de Davi (2Sm 7.12-13). Seu nascimento seria humilde, mas ungido pelo Espírito (Is 11.1-2). Um mensageiro o precederia (Is 40.3; Ml 3.1). À época em que Jesus foi ao Jordão para ser batizado e apresentado à nação por João Batista, todos esses elementos de suas credenciais podiam ser conhecidos (Jo 1.19-34).

Jesus Cristo nasceu em um aprisco judeu (Gl 4.4-5) e, durante o seu ministério terreno, ele chamou o seu rebanho para fora do judaísmo em direção ao aprisco cristão. Antes de saírem em sua primeira viagem missionária, os discípulos foram assim instruídos: "Não se dirijam aos gentios, nem entrem em cidade alguma dos samaritanos. Antes, dirijam-se às ovelhas perdidas de Israel" (Mt 10.5-6). Porém, Jesus deixou claro que iria chamar também os gentios ("outras ovelhas", Jo 10.16; veja também Jo 11.49-52; 12.32). Ao longo dos séculos, nosso Senhor tem chamado os pecadores para fora de quaisquer apriscos em que eles estejam para colocá-los sob a liberdade de seu "único rebanho", do qual ele é o "único pastor" (10.16). No próximo capítulo, falaremos mais sobre isso quando meditaremos sobre Jesus como o Bom Pastor.

Esse tema de "chamar" pessoas traz à mente a experiência do mendigo cego, registrada em João 9. Ele havia nascido dentro do aprisco judeu, porém os líderes religiosos o excomungaram da sinagoga – "E o expulsaram" (v. 34) porque ele honrou Jesus. Então, o Senhor o encontrou no templo, levou-o à fé salvadora e recebeu-o em seu próprio rebanho. Jesus não possui "ovelha" de outros em seu rebanho, mas suas próprias ovelhas, aquelas que confiam nele, ouvem a sua voz (a Palavra) e o seguem a qualquer preço.

Por exemplo, Saulo de Tarso era um "verdadeiro hebreu" (Fp 3.5), mas Jesus chamou-o para fora do aprisco judeu e o conduziu ao aprisco cristão. Então, como Paulo, o apóstolo, ele provou a sua fé ao "andar com liberdade em Jerusalém" com o rebanho de Cristo (veja Atos 9.28). Além disso, ele abandonou tudo para estar no rebanho de Cristo (Fp 3). Saulo era o jovem líder zelote de seus dias (Gl 1.13-14), porém renunciou a tudo isso para tornar-se "Paulo, apóstolo de Cristo Jesus." O nome *Paulo* significa "pequeno", em latim. Paulo repetiu as palavras de João Batista: "É necessário que ele [Jesus] cresça e que eu diminua" (Jo 3.30).

A porta cria uma divisão: algumas pessoas estão do lado de fora, enquanto outras estão dentro. "Assim o povo ficou dividido por causa de Jesus" (Jo 7.43). "E houve divisão entre eles" (9.16). "Diante dessas palavras, os judeus ficaram outra vez divididos" (Jo 10.19). Por ocasião do nascimento de nosso Senhor, os anjos anunciaram paz na terra (Lc 2.14), mas quando estava próximo da cruz, Jesus disse aos discípulos: "Vocês pensam que vim trazer paz à terra? Não, eu digo a vocês. Pelo contrário, vim trazer divisão! De agora em diante haverá cinco numa família divididos uns contra os outros: três contra dois e dois contra três" (Lc 12.51-52). Aqueles que seguem Cristo não pertencem a este mundo, tampouco vivem como o mundo e, por essa razão, as pessoas do mundo os odeiam (Jo 15.18-25).

Em meu ministério pastoral, nem sei dizer quantas vezes a

congregação e eu oramos e abrigamos pessoas que confiaram em Cristo e foram rejeitadas por seus familiares e amigos. Esses novos convertidos ousaram deixar o "antigo aprisco" e, pela fé, adentraram o "rebanho único" do Bom Pastor. Foi um passo caro, *porém não dá-lo seria muito mais custoso*! Jesus afirmou: "Se o mundo os odeia, tenham em mente que antes odiou a mim. Se vocês pertencessem ao mundo, ele os amaria como se fossem dele" (Jo 15.18-19). Quando o mundo nos trata como Cristo foi tratado, na verdade, isso é um elogio, porque significa que estamos "participando em seus sofrimentos" (veja Fp 3.10).

A PORTA SIGNIFICA DECISÃO

Vivemos em um mundo que promove a tolerância à custa da verdade. "O que é verdade para você pode não ser verdade para mim", as pessoas argumentam. Contudo, se estiver falando sobre dinheiro, medicina ou dimensões, tal afirmação jamais se aplica. Quando se trata dessas áreas, existem absolutos que não podem ser negados.

Se um amigo lhe devesse 100 dólares e tentasse lhe pagar com dez notas de 1 dólar, você aceitaria esse pagamento? Se ele argumentasse que, na opinião dele, a nota de 1 dólar vale o mesmo que uma nota de 10 dólares, você concordaria? Ou, suponha que o seu médico lhe receitasse arsênico em vez de aspirina, você tomaria tal remédio? Se um carpinteiro lhe construísse uma estante com 250 milímetros de largura e 200 milímetros de altura em vez de 250 centímetros de largura e 200 centímetros de altura, argumentando que um milímetro é tão bom quanto um centímetro, você pagaria pelo serviço dele? *Se queremos absolutos em assuntos que dizem respeito a medidas, dinheiro e medicina, por que não em áreas de moralidade pessoal e fé?*

Eu tento ser tolerante com as opiniões de outras pessoas, *porém não quando elas negam absolutos*. Palavras e ideias plásticas que podem ser moldadas para agradar a todos são muito perigosas, e eu não as aceitarei. Em 2Pedro 2.1-3, o apóstolo nos adverte quanto aos falsos mestres que tentam nos explorar "com histórias que inventaram." O verbo *inventaram* é uma tradução do termo grego *plastos*, da qual se origina a palavra *plástico*. O que são palavras plásticas? São palavras que podem ser moldadas e distorcidas para expressar o significado de qualquer coisa. Os falsos mestres podem usar o que aparenta ser um vocabulário cristão, *porém eles não utilizam um dicionário cristão*! Mesmas palavras, significados distintos. Esses falsos mestres não acreditam em absolutos e, portanto, são perigosos.

Ao nos aproximamos de Jesus, devemos ouvir a sua Palavra, aceitá-la como verdade e agir com base nela. Quando ouço alguém dizer "Bem, o que você quer dizer com pecado?" ou "Não existem muitos caminhos para o céu?", imediatamente percebo que estou lidando com um mestre na arte de "palavras de plástico." O Senhor Jesus orou ao Pai: "Santifica-os [seus seguidores] na verdade; a tua palavra é a verdade" (Jo 17.17). O texto de Provérbios 23.23 faz uma advertência: "Compre a verdade e não abra mão dela." Existe *a verdade*, e nenhum monte de palavras de plástico pode substituí-la.

Há alguns anos, as pessoas costumavam cantar este corinho infantil na escola dominical:

A porta é uma só, porém dois lados há.
Dentro e fora, você onde está?
A porta é uma só, porém dois lados há.
Eu já estou dentro, você onde está?

Estar diante de Cristo, a Porta, e não tomar decisão alguma *é permanecer no lado de fora da salvação*! Significa não adentrar no "um só rebanho" do qual Jesus é o Salvador e o Bom Pastor. Diante da porta, você está em um lugar de decisão, e não decidir nada é, na verdade, tomar uma decisão – a errada.

A PORTA SIGNIFICA SALVAÇÃO

A salvação não é um direito humano, mas um dom da graça de Deus. Entretanto, o que Jesus afirma em João 10.9 faz-me lembrar o que Thomas Jefferson escreveu na Declaração de Independência dos Estados Unidos:

> Consideramos estas verdades como evidentes por si mesmas, que todos os homens são criados iguais, dotados pelo Criador de certos direitos inalienáveis, que entre estes estão a vida, a liberdade e a procura da felicidade.

Salvação significa vida. Aqui está a promessa de nosso Senhor: "Eu sou a porta; quem entra por mim será salvo" (Jo 10.9). Não somos salvos porque admiramos Jesus, mas porque nos arrependemos de nossos pecados e cremos somente nele como nosso Senhor e Salvador. O mendigo, em João 9, não foi salvo por ir ao templo, mas por encontrar-se com Cristo no templo, curvar-se diante dele e confessar: "Senhor, eu creio" (9.35-38).

Ser salvo significa ter os seus pecados perdoados, tornar-se um filho de Deus e ter a certeza do céu. Significa possuir a vida eterna (Jo 3.16-18) e "vida... em abundância" (10.10 – ARA). "Quem crê no Filho tem a vida eterna; já quem rejeita o Filho não verá a vida, mas a ira de Deus permanece sobre ele" (3.36). Qualquer pecador que entra para o exclusivo rebanho por meio de Jesus Cristo é salvo e sempre será. "As minhas ovelhas ouvem a minha voz; eu as conheço, e elas me seguem. Eu lhes dou a vida eterna, e elas jamais perecerão; ninguém as poderá arrancar da minha mão" (10.27-28).

Salvação significa liberdade. A salvação nos traz a vida eterna, porém igualmente nos concede o privilégio de desfrutar da liberdade: "Entrará e sairá..." Jesus nos retira do antigo aprisco para o novo rebanho e, então, nos permite entrar e sair da comunidade murada por causa da liberdade que temos nele. Cristo disse: "Todo aquele que vive pecando é escravo do pecado [...] Portanto, se o Filho os libertar, vocês de fato serão livres" (João 8.34, 36). A liberdade cristã não significa o direito de fazer o que quiser, mas ter o privilégio de seguir Cristo e fazer o que lhe agradar. A verdadeira liberdade é a vida controlada pela verdade e motivada pelo amor.

Observe o equilíbrio aqui: "Entrará e sairá." Uma ovelha tímida e assustada permanece no aprisco dia e noite sem jamais ver as pastagens escolhidas pelo pastor. Por outro lado, a ovelha descuidada e excessivamente confiante permanece nas pastagens dia e noite, sendo constantemente exposta a todos os tipos de perigo. Necessitamos de comida, água e exercícios providos pelas pastagens tanto quanto do descanso e da segurança do aprisco. Oração e meditação são importantes, assim como o testemunho e o serviço, razão pela qual o livro de Hebreus nos instrui a irmos "por trás do véu" para adorar o Senhor e, então, irmos "fora do acampamento" para servir e testemunhar sobre o Senhor (Hb 6.19; 13.13). Abençoados são os equilibrados!

Lá fora, nas pastagens, as ovelhas não têm muros e são livres para se moverem, enquanto no aprisco elas ficam confinadas, e ambos são necessários na vida cristã. Há algumas áreas da vida que exigem muros e cercas de tal modo que, se as ignorarmos, ficamos em apuros. Ao passo que existem outras áreas da vida cristã que são abertas e livres, sobre as quais os santos podem até discordar. O sábio conselho de Paulo é que "cada um deve estar plenamente convicto em sua própria mente" (Rm 14.5). A maturidade não é caracterizada por preconceitos, tradições ou opiniões, mas por uma convicção plena das decisões fundamentadas na Palavra de Deus e testemunhadas pelo Espírito de Deus. "Irmãos, vocês foram chamados para a liberdade. Mas não usem a liberdade para dar ocasião à vontade da carne; pelo contrário, sirvam uns aos outros mediante o amor" (Gl 5.13).

Em algumas igrejas, ao adentrar o salão de culto, é possível ver uma placa sobre a entrada com a seguinte inscrição: "Entre para adorar." Ao dirigir-se para a saída, há outra placa que diz: "Saia para servir." Elas constituem um lembrete para cultivarmos uma vida equilibrada. Nosso zelo deve ser balanceado pelo conhecimento e nosso amor, pelo discernimento (Fp 1.9). A comunhão deve ser balanceada com a solidão (Mt 6.5-6) e a oração privada, com a oração pública, envolvendo outros cristãos.

Salvação significa a busca da felicidade. Note o plural "pastagens." Talvez a ovelha mais velha prefira pastar em uma área familiar, onde conheça o terreno, enquanto os cordeiros sentem-se melhor saltitando em lugares novos, nem mesmo se preocupando com os planos do pastor. Ambos são incompletos. O pastor sempre sabe o que é melhor para o seu rebanho: "O SENHOR é o meu pastor; de nada terei falta. Em verdes pastagens me faz repousar e me conduz a águas tranquilas; restaura-me o vigor. Guia-me nas veredas da justiça por amor do seu nome" (Sl 23.1-3).

Durante os muitos anos em que sigo o Pastor, tenho aprendido que necessito de novas descobertas da graça do Senhor tanto quanto preciso de experiências nos antigos caminhos e pastagens. A palavra hebraica traduzida como *veredas*, no Salmo 23, significa "sulcos profundos." Esses caminhos são tão importantes e necessários que muitos outros já trilharam por eles e criaram esses sulcos para nós. Jeremias disse: "Ponham-se nas encruzilhadas e olhem; perguntem pelos caminhos antigos, perguntem pelo bom caminho. Sigam-no e acharão descanso" (Jr 6.16).

No tocante aos fundamentos da vida de fé, Salomão nos diz que "não há nada novo debaixo do sol" (Ec 1.9). No entanto, necessitamos de novos desafios se desejamos amadurecer em nossa jornada cristã, desafios que os santos mais antigos já enfrentaram. Esses caminhos antigos e as novas oportunidades seguem juntos. À medida que seguimos o Senhor até as pastagens que ele escolhe para nós, experimentamos a alegria do Senhor, mesmo em meio às tribulações. Descobriremos mais a esse respeito no próximo capítulo, quando focaremos o Pastor.

Vida, liberdade e a busca da felicidade são o que experimentamos quando permitimos que Jesus, o Pastor, nos conduza para dentro e para fora do aprisco, dia após dia.

A PORTA SIGNIFICA COMPAIXÃO

À noite, ao conduzir o rebanho de volta ao aprisco, o pastor permanecia à porta, dando às suas ovelhas um pouco de água fresca ("fazendo transbordar o meu cálice", Sl 23.5) e inspecionando cada animal que passava sob o seu cajado. Todo pastor fiel era um "médico", assim como era um guia e um protetor, e se uma ovelha apresentasse uma contusão ou ferimento sério, o pastor aplicava a medicação adequada. Igualmente, ele removia quaisquer carrapichos ou espinhos que o animal tivesse apanhado durante o dia. Havia algum animal mancando? O pastor examinava-o em busca da causa. Havia alguma ovelha faltando? O pastor certificava-se de que o resto do rebanho estava em segurança, chamava outro pastor para ficar à porta e partia em busca da ovelha perdida.

Em outras palavras, o pastor era zeloso quanto ao bem-estar individual da ovelha bem como da condição geral de todo o rebanho. Uma ovelha ou cordeiro era importante para ele. Ele usava óleo suavizante nas feridas; nas Escrituras, o óleo é um dos símbolos do Espírito Santo (Êx 30.22-33). Quando o nosso Bom Pastor deseja confortar e nos encorajar, o faz mediante o ministério do Espírito Santo, pois cada um que crê recebe a unção do Espírito de Deus (2Co 1.21; 1Jo 2.20, 27). Ainda, o pastor dava a cada animal uma revigorante porção de água fresca, outro símbolo do Espírito (Jo 7.37-39).

É impressionante constatar como Jesus sempre teve tempo para os indivíduos, quer seja um leproso impuro, um soldado romano, uma mulher samaritana, um fariseu perplexo ou um ladrão agonizante. E seu cuidado hoje é igual ao que expressou naquela época. Os seus pastores auxiliares precisam imitá-lo e igualmente cuidar das necessidades individuais de cada ovelha. Em nossas ministrações no púlpito, podemos ensinar, advertir e encorajar todo o rebanho, mas para descobrirmos as necessidades escondidas e remediá-las é necessário um ministério pessoal.

Já possuo experiência pastoral suficiente para saber que quase toda igreja tem a sua parcela de "pessoas problemáticas" assim como de "indivíduos com problemas." Muitos, ao enfrentarem seus problemas pessoais, não querem compartilhá-los com os outros, em especial com o ocupado grupo de pastores, ao contrário das "pessoas problemáticas" que angariam atenção e simpatia ao contar seus percalços ao maior número de pessoas possível. Na realidade, os "problemáticos" não desejam solucionar seus problemas, pois, se o fizessem, perderiam sua identidade e importância! Elas agendam reuniões frequentes com o pastor, que, pacientemente, ouve as mesmas histórias já contadas muitas vezes antes. Ele sabe que uma confrontação honesta não resultará em qualquer mudança, porque essas pessoas só ouvem o que querem ouvir e interpretam da maneira mais conveniente.

Apesar dessas dificuldades, os pastores precisam assumir um interesse pessoal em seus pastoreados, investindo tempo necessário para revelar problemas e oferecer soluções. A pregação pastoral é eficaz quando os ouvintes detectam no comportamento do pastor uma amorosa preocupação, um coração compreensivo e uma abordagem bíblica para solucionar o problema. Na passagem de Ezequiel 34.11-16, o profeta estava escrevendo sobre governadores civis egoístas, porém a aplicação ao pastor do rebanho de uma igreja é perfeitamente legítima. Deus deseja que seus pastores partam em busca da ovelha perdida (v. 11), resgatem aquelas em perigo (v. 12), livrem-nas de seu cativeiro (v. 13), trazendo-as novamente à comunhão do rebanho (v. 13) e cuidando delas (vv. 13-16).

Recordo-me de ouvir que um dos homens de nossa igreja havia deixado a sua família e ninguém tinha notícias de seu paradeiro. Roguei ao Senhor que nos reunisse por acidente, de modo que eu pudesse conversar com aquele homem, *e ele o fez*! Ao me dirigir a um restaurante para comer algo, olhei para uma barraca de comida e lá estava ele!

– Há espaço para mais um homem faminto? – perguntei, e aquele homem, cortesmente, cedeu-me lugar. Uma hora depois estávamos orando juntos. Ele me disse que retornaria à sua casa e acertaria as coisas erradas, o que, de fato, aconteceu, inclusive a sua volta à igreja.

O talentoso pregador americano George W. Truett era frequentemente convidado a deixar o seu púlpito em Dallas a fim de tornar-se um líder denominacional de tempo integral, o presidente de uma faculdade ou universidade ou um evangelista itinerante. Sua resposta era sempre a mesma: "Eu busquei e encontrei um coração de pastor." Não é de se admirar que tenha permanecido na Primeira Igreja Batista de Dallas por quarenta e sete anos!

A PORTA SIGNIFICA PROTEÇÃO

O pastor arriscava a própria vida (e, provavelmente, perdia algumas horas de sono) quando servia como a porta do aprisco. Os lobos eram impossibilitados de entrar e atacar as ovelhas, tampouco os ladrões conseguiam entrar para roubar algum animal do rebanho. O pastor, munido de seu cajado, conseguia manter longe do aprisco os possíveis invasores (Sl 23.4).

Onde quer que exista um rebanho fiel, sempre haverá inimigos à espreita, esperando o momento de atacar, seja fora da igreja ou mesmo dentro dela. Paulo deixou isso claro em sua derradeira mensagem aos anciãos de Éfeso, uma passagem que todos os pastores precisam escrever em seu coração.

> Cuidem de vocês mesmos e de todo o rebanho sobre o qual o Espírito Santo os colocou como bispos, para pastorearem a igreja de Deus, que ele comprou com o seu próprio sangue. Sei que, depois da minha partida, lobos ferozes penetrarão no meio de vocês e não pouparão o rebanho. E dentre vocês mesmos se levantarão homens que torcerão a verdade, a fim de atrair os discípulos. Por isso, vigiem! Lembrem-se de que durante três anos jamais cessei de advertir a cada um de vocês disso, noite e dia, com lágrimas (At 20.28-31).

A segurança das ovelhas deve ser a responsabilidade primária do pastor, e Jesus nos assegura que o rebanho dele jamais perecerá (Jo 10.27-30).

"Portanto ele é capaz de salvar definitivamente aqueles que, por meio dele, aproximam-se de Deus, pois vive sempre para interceder por eles" (Hb 7.25). Somos salvos pelo tempo que Cristo viver no céu, e ele "vive para sempre" (v. 24). Jesus, nosso Sumo Sacerdote celestial, nos ministra hoje "segundo o poder de uma vida indestrutível" (v. 16). Não é de admirar que tenha dito aos seus discípulos: "Porque eu vivo, vocês também viverão" (Jo 14.19).

Em nosso próximo estudo sobre João 10, buscaremos conhecer esse Pastor.

6

O bom pastor

"Eu sou o bom pastor. O bom pastor dá a sua vida pelas ovelhas. O assalariado não é o pastor a quem as ovelhas pertencem. Assim, quando vê que o lobo vem, abandona as ovelhas e foge. Então o lobo ataca o rebanho e o dispersa. Ele foge porque é assalariado e não se importa com as ovelhas. Eu sou o bom pastor; conheço as minhas ovelhas; e elas me conhecem; assim como o Pai me conhece e eu conheço o Pai; e dou a minha vida pelas ovelhas. Tenho outras ovelhas que não são deste aprisco. É necessário que eu as conduza também. Elas ouvirão a minha voz, e haverá um só rebanho e um só pastor."

João 10.11-16

"As minhas ovelhas ouvem a minha voz; eu as conheço, e elas me seguem. Eu lhes dou a vida eterna, e elas jamais perecerão; ninguém as poderá arrancar da minha mão. Meu Pai, que as deu para mim, é maior do que todos; ninguém as pode arrancar da mão de meu Pai. Eu e o Pai somos um."

João 10.27-30

O SENHOR é o meu pastor; de nada terei falta.

Salmo 23.1

Reconheçam que o SENHOR é o nosso Deus. Ele nos fez e somos dele: somos o seu povo, e rebanho do seu pastoreio.

Salmo 100.3

Todos nós, tal qual ovelhas, nos desviamos, cada um de nós se voltou para o seu próprio caminho; e o SENHOR fez cair sobre ele a iniquidade de todos nós.

Isaías 53.6

Pois o Cordeiro que está no centro do trono será o seu Pastor; ele os guiará às fontes de água viva. E Deus enxugará dos seus olhos toda lágrima.

Apocalipse 7.17

Algumas pessoas bem-intencionadas desejam remover a imagem de pastor e ovelha das Escrituras, mas, se assim fizéssemos, privaríamos a nós mesmos de inúmeros grandes líderes, assim como de um grande suprimento de verdade espiritual. "Afinal de contas", tais pessoas argumentam, "a maioria das pessoas vive em cidades e jamais viram um pastor ou uma ovelha." No entanto, se os servos de Deus forem limitados a pregar e ensinar somente o que já for familiar às pessoas, nenhum de nós jamais aprenderá muita coisa.

É duvidoso que alguém em nossas igrejas já tenha visto uma crucificação ou uma ressurreição. Porém, se eliminar esses eventos, não poderá pregar o evangelho. Quantos cristãos professos podem confiadamente afirmar já terem visto um anjo, um milagre ou, no que tange a este assunto, o próprio Jesus Cristo? É óbvio que essa abordagem do "nunca visto" em relação à palavra de Deus não apenas é perigosa como também ridícula. As Escrituras por inteiro são inspiradas e úteis, incluindo-se os pastores e as ovelhas.

Paulo valeu-se dessa imagem do pastor ao admoestar os anciãos efésios (At 20.28), e Éfeso era uma grande cidade da época. O apóstolo João utilizou as palavras *pastor, ovelha* e, especialmente, *cordeiro* (cerca de trinta referências) ao escrever às igrejas em sete cidades importantes da

Ásia Menor. Elimine essas imagens da sua Bíblia e você não terá Salvador, evangelho e esperança.

Cristo autodenomina-se "o Bom Pastor" porque ele é o genuíno pastor em contraste com os falsos pastores e assalariados que, ao longo dos séculos, têm explorado o povo de Deus. Lembre-se de que líderes civis como reis, príncipes e governadores eram chamados de pastores, ainda que muitos deles mais parecessem lobos e ladrões (Is 56.9-12; Ez 34). O Messias prometido era para ser um pastor amoroso (Is 40.9-11; Ez 34.20-24), e Jesus é aquele Messias. A palavra traduzida como "bom" em "Bom Pastor" carrega o significado de "nobre, louvável, desejável e agradável a Deus." Este é Jesus.

Na Bíblia, a ovelha é citada cerca de trezentas vezes, mais que qualquer outro animal. Pode ser embaraçoso para alguns cristãos aprenderem que as ovelhas são indefesas e tendem a se desviar do grupo (Elas possuem pouca visão e tendem a seguir outra ovelha sem pensar). Elas também podem ser muito teimosas. Cerimonialmente, são considerados animais puros e, com frequência, eram oferecidas em sacrifícios. O povo judeu criava ovelhas primariamente por sua lã, leite e cordeiros, matando-as para obter comida apenas em ocasiões especiais e festivas.

Durante os longos anos de meu ministério, pastoreei três "rebanhos", tendo sido membro de três igrejas distintas enquanto servia em ministérios paraeclesiásticos. Já preguei em centenas de igrejas e aconselhei pastores em diversas partes do mundo. Assim, por cerca de sessenta anos, tenho cuidado de ovelhas e as estudado de muitas e diferentes perspectivas. No entanto, as ovelhas nada significam quando separadas de Jesus Cristo, o Bom Pastor. Vamos examinar os relacionamentos que existem entre Jesus, o Bom Pastor, e suas ovelhas, aplicando essas verdades a nossa própria vida, como membros de seu rebanho.

O PASTOR POSSUI AS OVELHAS

As ovelhas de Cristo são chamadas de "as suas ovelhas" (Jo 10.3-4) e "as minhas ovelhas" (vv. 14, 26-27) porque ele as reivindica como seu rebanho.

Elas são de Jesus porque o Pai as deu a ele (v. 29; veja também Jo 17.2, 6, 9, 24) e porque ele as comprou ao morrer na cruz (10.11, 15, 17-18; veja também 13.37-38; 1Jo 3.16). "Ninguém tem maior amor do que aquele que dá a sua vida pelos seus amigos" (Jo 15.13). Porém, Jesus entregou a sua vida por pecadores rebeldes que eram seus inimigos (Rm 5.6-10)! "[...] e que vocês não são de si mesmos? Vocês foram comprados por alto preço" (1Co 6.19-20).

A morte de nosso Senhor é mencionada inúmeras vezes no evangelho de João, e cada texto revela algo especial sobre essa morte. Jesus morreu *sacrificialmente*: "Vejam! É o Cordeiro de Deus, que tira o pecado do mundo!" (Jo 1.29). Debaixo da velha aliança, a ovelha morria pelos pastores, porém, na nova aliança, o pastor morreu pelas ovelhas. Quem sabe, exceto Deus, quantos cordeiros foram sacrificados durante a história nacional de Israel? No entanto, em um único ato de sacrifício, Jesus morreu pelos pecados de todo o mundo, de uma vez por todas!

Ele morreu *brutalmente*, como um edifício implodido e deixado em ruínas (Jo 2.18-22). A crucificação era a mais bárbara forma de execução, e as passagens do Salmo 22.1-21, bem como Isaías 52.14, nos fornecem alguma indicação do preço pago por Jesus para salvar as suas ovelhas. Como a serpente levantada no poste (Nm 21.4-9; Jo 3.14-15), Cristo foi levantado na cruz e morreu *vergonhosamente*. *Imagine o santo Filho de Deus identificado com uma amaldiçoada serpente!*

Contudo, ele morreu *voluntariamente* (Jo 10.11-18). Jesus entregou a sua vida. Você estaria disposto a dar a sua vida para resgatar uma ovelha? Que motorista arriscaria a sua própria vida para não atropelar uma ovelha na estrada? O ser humano é mais valioso que uma ovelha, e Jesus nos amou o suficiente para morrer por nós.

Ele morreu *triunfantemente* (Jo 12.20-29). A semente foi plantada no solo e produziu uma bela e farta colheita para a glória do Pai. Jesus entregou a sua vida para que pudesse retomá-la em gloriosa ressurreição (Jo 10.17-18)! Ele o fez por nós, para que pudéssemos ser as *suas* ovelhas e dizer, de coração: "O meu amado é meu, e eu sou dele" (Ct 2.16; veja também 6.3).

Os assalariados cuidam das ovelhas primariamente porque são pagos por isso, mas eles não têm um amor pessoal pelo rebanho. Quando lobos e ladrões se aproximam, os assalariados fogem e se escondem, deixando o caminho livre para os inimigos atacarem o rebanho. Porém, somos de Jesus, e ele provou o seu amor ao morrer por nós! Pertencemos a ele e, portanto, devemos segui-lo e cumprir a sua vontade.

Numa fase da vida em que deveria estar fazendo planos para sua aposentadoria, o pioneiro missionário C. T. Studd viajava rumo à África. Quando um repórter de jornal lhe perguntou a razão de fazê-lo, ele respondeu: "Se Jesus Cristo, sendo Deus, morreu por mim, nenhum sacrifício que eu faça por ele pode ser grande demais."

As ovelhas pertencem a Jesus. Se elas o seguirem, experimentarão a vida abundante que somente ele pode dar. "Eu vim para que tenham vida, e a tenham plenamente" (Jo 10.10). Se não o seguirem, elas perdem a vida totalmente e experimentam apenas o vazio; e o Pastor deve discipliná-las, o que não é uma experiência agradável.

O PASTOR CONHECE AS SUAS OVELHAS

> "Eu sou o bom pastor; conheço as minhas ovelhas; e elas me conhecem; assim como o Pai me conhece e eu conheço o Pai" (João 10.14-15).

Nas Escrituras, "conhecer" significa muito mais do que ser capaz de identificar uma pessoa ou coisa pelo nome. Na linguagem bíblica, "conhecer" envolve intimidade, uma profunda compreensão da pessoa ou do objeto conhecido. Isso significa ser escolhido, ser amado. No texto original, em hebraico, o verbo *conhecer* descreve o amor íntimo entre marido e mulher. Na época do julgamento, Jesus dirá àqueles que se disfarçam como cristãos: "Nunca os conheci. Afastem-se de mim vocês, que praticam o mal" (Mt 7.23; veja também 25.12).

Os pastores orientais conheciam o nome de cada ovelha, chamando-as para fora do aprisco a cada manhã. Porém, eles também conheciam a natureza de cada animal: aqueles que eram propensos a desgarrar-se do grupo, os que queriam trilhar os seus próprios caminhos e os que demoravam a obedecer aos comandos de seu pastor. Por possuírem esse tipo de conhecimento, os pastores eram mais capacitados a cuidar do rebanho.

Por outro lado, as ovelhas também conheciam os seus pastores! Assim como os filhos passam a compreender melhor os seus pais e os pupilos a seus mestres, igualmente as ovelhas aprendem a "ler" a voz e os gestos de seus respectivos pastores. Elas entendem quando ele as está advertindo, quando está chamando para elas se reunirem e quando está apenas dizendo-lhes que ele está vigiando.

O fato de Jesus comparar o seu relacionamento com suas ovelhas à sua relação com seu Pai é digno de nota. Isso me lembra o que o Senhor Jesus disse ao Pai ao concluir a sua oração, registrada em João 17: "Eu os fiz conhecer o teu nome, e continuarei a fazê-lo, a fim de que o amor que tens por mim esteja neles, e eu neles esteja" (v. 26). O Pai nos ama tanto quanto ele ama a Cristo! Quanto melhor conhecermos Jesus e o Pai, tanto mais amaremos o Altíssimo e experimentaremos o seu amor em nosso coração, bem como melhor será a nossa obediência. Os pastores tinham um amoroso relacionamento com as suas ovelhas, o tipo de relação que deveríamos ter com o nosso Bom Pastor. À medida que estudamos a Palavra, adoramos, convivemos e obedecemos ao Pastor, melhor o conhecemos, *bem como a nós mesmos*.

Isso me encoraja a saber que o meu Pastor me conhece e me compreende inteiramente e que *ainda me ama e cuida de mim*. "SENHOR, tu me sondas e me conheces. Sabes quando me sento e quando me levanto; de longe percebes os meus pensamentos. Sabes muito bem quando trabalho e quando descanso; todos os meus caminhos são bem conhecidos por ti" (Sl 139.1-3).

A mulher de Albert Einstein, ao ser questionada se compreendia as teorias matemáticas do Dr. Einstein, respondeu: "Não, mas eu compreendo o Dr. Einstein."

O apóstolo Paulo estava salvo havia trinta anos, já tinha ido ao céu e retornado, já havia visto Cristo em sua glória e, não obstante, ele escreveu: "Quero conhecer Cristo" (Fp 3.10). Ele orou para que os cristãos em Éfeso pudessem ter "pleno conhecimento dele" (Ef 1.17), uma oração que deveríamos fazer diariamente.

O PASTOR CHAMA AS SUAS OVELHAS

"Ele chama as suas ovelhas pelo nome e as leva para fora. Depois de conduzir para fora todas as suas ovelhas, vai adiante delas, e estas o seguem, porque conhecem a sua voz. Mas nunca seguirão um estranho; na verdade, fugirão dele, porque não reconhecem a voz de estranhos" (Jo 10.3-5).

Em seu sermão, no dia de Pentecostes, Pedro declarou: "Pois a promessa [da salvação] é para vocês, para seus filhos e para todos os que estão longe, para todos quantos o Senhor, o nosso Deus, chamar" (At 2.39). Paulo identificou o povo de Deus como "os chamados para pertencerem a Cristo" (Rm 1.6; veja também 8.30; 9.24). O Senhor chama os pecadores por meio da pregação do evangelho (2Ts 2.14). Ele nos chama das trevas da descrença e do pecado para a luz de sua glória (1Pe 2.9). Ele nos chama para que o sigamos (Jo 10.4, 9, 28), e isso significa uma transformação de mente e uma completa separação da antiga vida, o que as Escrituras chamam de "arrependimento." Não pode haver concessões. Jesus disse: "Aquele que não está comigo está contra mim; e aquele que comigo não ajunta espalha" (Mt 12.30). Ele quer discípulos, não apenas convertidos.

O chamado de Deus para nós é um ato de graça completo, pois nada fizemos para merecê-lo. Se eu disser: "Ele me chamou porque já sabia que eu iria crer" estarei distorcendo o que as Escrituras dizem, porque ele nos conheceu [nos elegeu], e esta é a razão de termos sido chamados e crermos. "Pois aqueles que de antemão conheceu, também os predestinou para serem conformes à imagem de seu Filho [...] E aos que predestinou, também chamou; aos que chamou, também justificou; aos que justificou, também glorificou" (Rm 8.29-30). Observe a dramática declaração do Senhor, em João 10.26: "mas vocês não creem, porque não são minhas ovelhas." Ele não disse: "Vocês não são as minhas ovelhas porque não creram."

"Ele chama as suas ovelhas pelo nome" (Jo 10.3). Deus chamou Abraão pelo nome (Gn 22.1, 11), assim como Moisés (Êx 3.4), Samuel (1Sm 3.1-10), Simão (Jo 1.42; Lc 22.31), Marta (Lc 10.41), Zaqueu (Lc 19.5) e Maria Madalena (Jo 20.16). Hoje, não ouvimos a voz de Deus como no passado, mas o Espírito Santo usa a Palavra de Deus para convencer a nossa mente e sensibilizar o nosso coração e, assim, clamamos: "Que faremos?" (At 2.36-37). Uma das marcas de um cristão genuíno é um "ouvido espiritual", sensível à Palavra de Deus. "Aquele que tem ouvidos, ouça!" (Mt 11.15).

Ao testemunharmos aos perdidos, não sabemos quais são os eleitos de Deus, tampouco deveríamos nos preocupar com esses mistérios eternos. Nossa missão é compartilhar o evangelho no poder do Espírito e confiar que o Senhor irá chamar os que são dele. *Se não soubéssemos que Deus tem suas "ovelhas" neste mundo perdido, seria uma tarefa irremediavelmente desencorajadora transmitir as boas-novas a alguém!* Quando Paulo estava ministrando em Corinto, o Senhor lhe disse: "Não tenha medo, continue falando e não fique calado, pois estou com você, e ninguém vai lhe fazer mal ou feri-lo, porque tenho muita gente nesta cidade" (At 18.9-10). A eleição divina não é um impedimento ao evangelismo, mas uma das dinâmicas por trás dele.

Nosso Pastor não somente nos chama, seja qual for o aprisco em que estivermos, e nos salva, como também nos chama a segui-lo a fim de fazer as coisas que ele deseja que façamos e, então, servi-lo. Pelo fato de os nossos familiares e amigos incrédulos não conseguirem ouvir a voz de Deus, eles pensam que estamos cometendo um grande erro, mas não devemos nos preocupar. *Nosso Pastor segue adiante de nós, preparando o caminho* (Jo 10.4). Sempre que, involuntariamente, nos desviamos de sua vontade, o Senhor fecha as portas até esperarmos o suficiente para ouvirmos a sua voz (At 16.6-10). Enquanto estivermos dispostos a fazer a sua vontade e, diariamente, ouvir a sua voz na Palavra e orar por sua direção, Jesus jamais permitirá que nos desviemos (Jo 7.17; Fp 3.15-16).

O Espírito Santo, em nosso interior, nos adverte quando estamos dando ouvidos a vozes que não sejam do Pastor. O Dr. H. A. Ironside contou que, certa vez, estava acompanhando um jovem cristão, no centro de Los Angeles, e encontrou um "pregador de rua." O jovem viu que o homem tinha uma Bíblia e, então, parou para ouvi-lo, enquanto o Dr. Ironside continuou andando. Ele sabia que o pregador era um cultista disfarçado de evangelista. Em poucos minutos, o jovem alcançou o Dr. Ironside, que lhe perguntou: "O que você achou daquele pregador?" O jovem cristão respondeu: "Durante todo o tempo que escutei, meu coração dizia 'Mentiroso! Mentiroso!'"

O PASTOR CUIDA DE SUAS OVELHAS

O ladrão tenta roubar a ovelha secretamente, o assaltante almeja explorar a ovelha violentamente e o empregado foge amedrontado quando o lobo se aproxima, porém o verdadeiro pastor cuida e protege o seu rebanho amorosa e corajosamente. Ele vai adiante delas para encontrar as melhores pastagens e as fontes de água mais seguras. O pastor sabe quando as ovelhas necessitam de parada e descanso. Ele certifica-se da ausência de perigos ou inimigos naquela pastagem, mantendo os olhos fixos nas ovelhas que tendem a se desgarrar do rebanho.

Por séculos, os estudiosos da Bíblia têm indicado que o Bom Pastor é descrito no Salmo 22 como alguém que entrega a sua vida pelas ovelhas (vv. 1-21). O Pastor Chefe é retratado no Salmo 24, retornando e recompensando os fiéis pastores auxiliares (1Pe 5.1-4). Porém, é no Salmo 23 que vemos o Grande Pastor equipando e capacitando as ovelhas (Hb 13.20-21). É triste constatar que esse maravilhoso salmo seja lido principalmente em funerais, porque ele descreve o amoroso ministério de nosso Senhor ao seu povo todos os dias de nossa vida (Sl 23.6).

O rei Davi escreveu o Salmo 23 com base em sua própria experiência como pastor e no modo como Deus cuidou dele. "De nada terei falta" (v. 1). "Não temerei perigo algum" (v. 4). "E voltarei à casa do SENHOR enquanto eu viver" (v. 6). Pastagens verdejantes, águas tranquilas, veredas da justiça, vale de trevas, inimigos, ou seja, circunstância alguma está além da capacidade do Grande Pastor das ovelhas. O pastor verdadeiro possui um coração pelas ovelhas e busca o melhor para elas. Ele fornece proteção e provisão, assim como as corrige quando elas querem ter o seu próprio caminho. Ao término do dia, quando o pastor conduz o seu rebanho de volta ao aprisco, ele examina cada ovelha quanto a machucados e feridas, tornando-se um terno médico. Ele almeja que as ovelhas sintam-se confortáveis ao se aquietarem para a noite.

Os novos cristãos devem aprender bem cedo em sua jornada espiritual a permitirem ser alimentados e refrigerados pelo Pastor por meio da Palavra de Deus. A ovelha conhece a sua mãe e possui o desejo pelo leite materno (1Pe 2.2-3). No entanto, à medida que amadurece no Senhor, passa a desejar alimento sólido em vez de leite (Hb 5.11-6.3). O Pastor ensina as suas ovelhas a se alimentarem nos verdejantes pastos das Escrituras, capacitando-as a manejar a Bíblia a fim de encontrarem a verdade de que necessitam. Se, a cada dia, não permitirmos que o Pastor nos alimente por meio da Palavra, jamais poderemos crescer "na graça e no conhecimento de nosso Senhor e Salvador Jesus Cristo" (2Pe 3.18).

Os pastores cuidam de suas ovelhas porque desejam que cada uma delas amadureça e cumpra os seus propósitos na ordem natural de Deus. Carneiros e ovelhas devem reproduzir e ajudar as suas crias a crescerem, e estas, por sua vez, devem, no devido tempo, amadurecer, reproduzir e aumentar o rebanho. *Se todas as ovelhas de Deus reproduzissem, e se todos os carneiros amadurecessem e o rebanho obedecesse ao Senhor, quão diferentes as igrejas seriam!* Os pastores fiéis não podem fazer tudo; as ovelhas também deveriam assumir as suas responsabilidades. "Portanto, deixemos os ensinos elementares a respeito de Cristo e avancemos para a maturidade" (Hb 6.1). O Espírito Santo nos levará adiante se dedicarmos tempo diário na Palavra e na oração, abandonando "as coisas de menino" (1Co 13.11).

Porém, os pastores e outros líderes espirituais locais devem igualmente cumprir os seus ministérios, e as palavras de nosso Senhor a Pedro indicam o caminho (Jo 21.15-17): "Cuide dos meus cordeiros." "Pastoreie as minhas ovelhas." "Cuide das minhas ovelhas." E a mais importante responsabilidade que eles devem ter *é amar Jesus Cristo mais que qualquer outra coisa*. Se amarmos Jesus, amaremos as suas ovelhas e nos sacrificaremos para servi-las. Lembre-se, quando servimos aos outros em nome de Cristo, estamos servindo a ele (Mt 25.40). "Cuidem de vocês mesmos e de todo o rebanho sobre o qual o Espírito Santo os colocou como bispos, para pastorearem a igreja de Deus, que ele comprou com o seu próprio sangue" (At 20.28).

ELE REÚNE O SEU REBANHO

Jesus começa o seu ministério em busca das "ovelhas perdidas de Israel" (Mt 10.5-6), mas ele deixou claro que os gentios seriam incluídos em sua igreja. "Tenho outras ovelhas que não são deste aprisco. É necessário que eu as conduza também. Elas ouvirão a minha voz, e haverá um só rebanho e um só pastor" (Jo 10.16). Observe que ele não se referiu a "um aprisco", pois há um aprisco judeu e um aprisco gentio neste mundo, mas ele falou sobre "um só rebanho", a igreja de Jesus Cristo da qual ele é o único pastor. A mensagem de Pedro em Pentecostes (At 2) foi dirigida a judeus e gentios prosélitos ao judaísmo. Contudo, mais tarde, Pedro foi com João a Samaria, e o Senhor angariou ao seu rebanho samaritanos que creram (At 8.14-17). Já no relato de Atos 10, Pedro é enviado à casa do centurião romano Cornélio, um gentio, e ele e seus familiares, bem como amigos íntimos, são salvos e trazidos ao rebanho.

Há um só rebanho, e Jesus é o seu único pastor. Existe um só corpo, e Cristo é a cabeça (Ef 2.16; 3.6; 4.4, 25). Há apenas um edifício, e o Senhor Jesus é a fundação (Ef 2.11-12). O supremo propósito do Pai é "fazer convergir em Cristo todas as coisas, celestiais ou terrenas" (Ef 1.10). Jesus orou para que todos os que creem sejam um (Jo 17.20-23), não em um sentido organizacional, mas como ele e o Pai são um. Por duas vezes, Cristo incluiu as razões para essa unidade: para que o mundo possa crer que Jesus veio do Pai e que o Pai ama o mundo perdido. Afinal, se os filhos não amam uns aos outros, por que o mundo deveria crer que o Pai ama os pecadores perdidos?

A singularidade do rebanho não é algo que devemos desenvolver, porque já somos um em Cristo, quer gostemos ou não. "Façam todo o esforço para conservar a unidade do Espírito pelo vínculo da paz" (Ef 4.3). Manter a visibilidade dessa unidade diante de um mundo observador demanda esforço por parte do povo de Deus. Não basta apenas cantar "Não somos divididos / Somos todos um só corpo." Temos que provar isso por nossas palavras e ações. "Todos vocês são filhos de Deus mediante a fé em Cristo Jesus [...] Não há judeu nem grego, escravo nem livre, homem nem mulher; pois todos são um em Cristo Jesus" (Gl 3.26, 28).

Um dia, Jesus irá reunir o seu rebanho e o levará ao céu para viver com ele por toda a eternidade. Essa igreja será "gloriosa, sem mancha nem ruga ou coisa semelhante, mas santa e inculpável" (Ef 5.27). Então, seremos capazes de cantar honestamente: "Não somos divididos / Somos todos um só corpo." Porém, até lá, nossa tarefa é manifestar o amor de Deus ao mundo, amando-nos uns aos outros e aos perdidos, buscando ganhá-los para o Salvador.

Para os cristãos não é difícil confessar que Jesus é o Bom Pastor. De bom grado nós proclamamos o Salmo 23 e fundamentamos nossa vida e esperanças futuras nas palavras do salmista. O que é realmente difícil de confessar é *que somos ovelhas e necessitamos desesperadamente de um pastor*! Precisamos concordar com a confissão de Jeremias: "Eu sei, SENHOR, que a vida do homem não lhe pertence; não compete ao homem dirigir os seus passos" (Jr 10.23). Também devemos concordar com Isaías, que escreveu: "Todos nós, tal qual ovelhas, nos desviamos, cada um de nós se voltou para o seu próprio caminho; e o SENHOR fez cair sobre ele a iniquidade de todos nós" (Is 53.6).

Declarar ser uma de suas ovelhas e, ainda assim, não segui-lo é mentira ou rebeldia, e ambos são pecados terríveis. A maioria dos problemas em nosso mundo é causada por pessoas que ignoram Cristo e insistem em trilhar os seus próprios caminhos, *e isso pode, e com frequência, ocorrer em nossas igrejas locais*. Enganamos a nós mesmos ao pensar que conhecemos a vontade de Deus para nós ou alguém mais, porém Jeremias 17.9 nos adverte: "O coração é mais enganoso que qualquer outra coisa e sua doença é incurável. Quem é capaz de compreendê-lo?" Quando ouço um cristão professo dizer "Bem, se eu conhecesse o meu próprio coração", sinto vontade de citar esse versículo de Jeremias.

A minha experiência mostra que quanto mais eu sigo o Senhor, mais vejo a mim mesmo como uma desamparada ovelha que necessita de Jesus, o Pastor, em cada decisão da vida. Às vezes, quando me esqueço disso, ele me mostra um versículo das Escrituras para me lembrar, talvez, que uma pequena falha me sacuda ou, quem sabe, um cristão conhecido diga algo que me desperte. Em mais de uma ocasião, tenho ouvido o galo cantar e meu Pastor me olhar como olhou para Pedro (Lc 22.61), humilhando-me e quebrantando-me.

Quando Jesus é o seu Pastor e você o segue, o futuro é seu amigo, e você não deve sentir medo.

7

A ressurreição e a vida

"Eu sou a ressurreição e a vida. Aquele que crê em mim, ainda que morra, viverá; e quem vive e crê em mim, não morrerá eternamente."
João 11.25-26

"Não tenha medo. Eu sou o primeiro e o último. Sou aquele que vive. Estive morto, mas agora estou vivo para todo o sempre!"
Apocalipse 1.17-18

"Eu asseguro: Quem ouve a minha palavra e crê naquele que me enviou, tem a vida eterna e não será condenado, mas já passou da morte para a vida."
João 5.24

Portanto, ele é capaz de salvar definitivamente aqueles que, por meio dele, se aproximam de Deus, pois vive sempre para interceder por eles.
Hebreus 7.25

Portanto, fomos sepultados com ele na morte por meio do batismo, a fim de que, assim como Cristo foi ressuscitado dos mortos mediante a glória do Pai, também nós vivamos uma vida nova.
Romanos 6.4

Bendito seja o Deus e Pai de nosso Senhor Jesus Cristo! Conforme a sua grande misericórdia, ele nos regenerou para uma esperança viva, por meio da ressurreição de Jesus Cristo dentre os mortos, para uma herança que jamais poderá perecer, macular-se ou perder o seu valor.

1Pedro 1.3-4

E este é o testemunho: Deus nos deu a vida eterna, e essa vida está em seu Filho. Quem tem o Filho, tem a vida; quem não tem o Filho de Deus, não tem a vida.

1João 5.11-12

Algumas das coisas mais familiares na vida são, em geral, as mais difíceis de definir ou mesmo de descrever. Por exemplo, como você definiria a *luz* ou o *frio*, ou descreveria o gosto do chocolate ou da hortelã? Como definiria *vida*?

A palavra grega para *vida (zoe)* é utilizada 36 vezes no evangelho de João, excedendo sobremaneira o número de citações nos demais evangelhos somadas (dezesseis vezes). Encontramos a palavra *vida* nas declarações EU SOU, que já consideramos anteriormente, pois Jesus é o pão da vida (Jo 6.35, 48), a luz da vida (Jo 8.12) e o pastor que entrega a sua vida pelas ovelhas (Jo 10.10, 28). Neste capítulo, examinaremos Cristo como "a ressurreição e a vida" (Jo 11.25-26) e, no próximo, Jesus, "o caminho, a verdade e a vida" (Jo 14.6).

Para aquele que crê em Cristo, a vida não é apenas uma condição física ou uma experiência social, mas é uma pessoa, ou seja, Jesus. Paulo afirma que Cristo é a nossa vida (Cl 3.4) e o apóstolo também escreveu aos cristãos em Filipos: "porque para mim o viver é Cristo e o morrer é lucro" (Fp 1.21). *Vida é aquilo para o qual vivemos!* As pessoas "tornam-se vivas" para o que as excita, deleita e satisfaz, o que está no coração de seu próprio ser, e os cristãos deveriam estar vivos para tudo o que se relaciona a Jesus Cristo.

A ressurreição leva à vida, e Jesus é tanto a ressurreição quanto a vida. A fé em Jesus Cristo nos levanta da morte espiritual causada pelo pecado (Ef 2.1-10) e nos propicia vida eterna e abundante. Quando o espírito deixa o corpo, este está morto (Tg 2.26). Para aquele que crê, isso significa estar com Cristo (2Co 5.6-10; Fp 1.22-23). Contudo, se ainda estivermos vivos quando Jesus voltar, jamais morreremos! Então, seremos transformados enquanto subimos para o encontro com o Salvador nos ares e viveremos com ele para sempre (1Ts 4.13-18; Fp 3.20-21). Um amigo me disse que espera ir de "elevador" e não de "metrô", e certamente concordo com ele.

A narrativa em João 11 é tão profunda que impacta a nossa vida de inúmeras formas. O texto lida com *amor* (v. 5) e deixa claro que o amor de Deus não impede o seu povo de experimentar dor, enfermidade e tristeza. Igualmente, lida com *esperança* e a perda dela (vv. 3, 8-10, 21-22, 32). No entanto, a principal ênfase está na *fé*, a fé dos discípulos (vv. 1-16) e das irmãs (vv. 17-44), assim como na fé dos amigos e na falta dela nos líderes religiosos (vv. 45-57).

Cristo é capaz de ressuscitar os mortos e satisfazer qualquer necessidade da nova vida que resulta daquele milagre, porque ele é "a ressurreição e a vida." O Senhor pode ir até às situações humanas "mortas" e, aparentemente, imutáveis e, com seu poder ressuscitador, transformar pessoas e circunstâncias, inspirando a vida que torna tudo novo. Ao longo dos séculos, isso tem ocorrido a muitas igrejas locais e outros ministérios, bem como a indivíduos, *e isso pode ocorrer ainda hoje!*

Se você se encontrar em uma situação "de morte" ou sentir a necessidade de um reviver pessoal (do latim, "viver novamente"), a declaração de nosso Senhor, em João 11.25-26, é a resposta. Paulo afirma que "assim como Cristo foi ressuscitado dos mortos mediante a glória do Pai, também nós vivamos uma vida nova" (Rm 6.4). A descrença e o pecado estão relacionados ao velho viver pecaminoso, porém a fé e a vida estão conectadas com a nova existência em Cristo. Eis por que Jesus ordenou-lhes que removessem as faixas de Lázaro com as quais fora sepultado a fim de que ele recebesse o frescor e a fragrância da nova vida (Jo 11.43-44). O povo de Deus precisa sair do túmulo, remover as faixas e começar a manifestar a nova vida em Cristo.

Enquanto caminhamos pelas Escrituras em nosso estudo, examinaremos alguns exemplos de "ressurreição e vida." Ao terminar este capítulo, espero que você seja capaz de responder com um entusiástico "Sim!" à pergunta de nosso Senhor: "Você crê nisso?" (Jo 11.26).

UMA NOVA NAÇÃO: ISRAEL

A nação de Israel veio a existir por meio da ressurreição na vida dos patriarcas, principiando com um homem e sua mulher – Abraão e Sara. Israel é a nação mais importante que Deus estabeleceu na terra, porque "a salvação vem dos judeus" (Jo 4.22). Os judeus deram ao mundo não somente o conhecimento do único e verdadeiro Deus, mas igualmente nos deram a Bíblia e, o mais importante, o Salvador, Jesus Cristo, o Filho de Deus.

O Senhor chamou Abraão e Sara para deixarem a sua casa, seus parentes e ídolos em Ur dos Caldeus e seguirem para uma nova terra que ele lhes mostraria. Lá, o casal daria início a uma nova nação que abençoaria todo o mundo. O Criador revelou a sua glória a Abraão e estabeleceu uma aliança com ele a fim de gerar, a partir dele e de sua mulher, um grande povo (Gn 12.1-3; At 7.1-8). Quando deixaram Ur dos Caldeus, Abraão tinha setenta e cinco anos e sua esposa, sessenta e cinco. Além de não terem filhos, eles já haviam passado da idade de gerarem filhos. Então, como poderiam eles formar uma grande nação? Ambos achavam que já estavam mortos para isso. Porém, foi então que o miraculoso poder da ressurreição de Deus agiu.

O cumprimento das promessas do Altíssimo não depende dos recursos humanos, mas da fé nas promessas do Todo-poderoso. A seu modo, Abraão tentou cumprir a promessa de Deus ao casar-se com Hagar, a serva egípcia de sua esposa, e ter com ela um filho. No entanto, o Criador rejeitou Ismael e deu-lhe Isaque como herdeiro. A fé é viver sem estratagemas, e o esquema armado por Abraão trouxe problemas ao seu casamento com Sara, bem como à sua caminhada com Deus.

Ambos, Abraão e Sara, precisavam experimentar o poder da ressurreição de Deus! Eis como Paulo explicou o que aconteceu:

> Abraão, contra toda esperança, em esperança creu, tornando-se assim pai de muitas nações, como foi dito a seu respeito: "Assim será a sua descendência." Sem se enfraquecer na fé, reconheceu que o seu corpo já estava sem vitalidade, pois já contava cerca de cem anos de idade, e que também o ventre de Sara já estava sem vitalidade. Mesmo assim não duvidou nem foi incrédulo em relação à promessa de Deus, mas foi fortalecido em sua fé e deu glória a Deus, estando plenamente convencido de que ele era poderoso para cumprir o que havia prometido (Rm 4.18-21).

Quando Isaque nasceu, Abraão tinha cem anos de idade e Sara, noventa anos, o que, certamente, faz desse evento um verdadeiro milagre. Para aquele casal, Deus foi "a ressurreição e a vida." Ele honrou a fé de Abraão e Sara, concedendo-lhes o poder da ressurreição e capacitando-os a se tornarem pais. Em geral, tendemos a admirar a fé de Abraão em detrimento do papel de Sara naquele milagre. Hebreus 11.11 diz: "Pela fé Abraão – e também a própria Sara, apesar de estéril e avançada em idade – recebeu poder para gerar um filho, porque considerou fiel aquele que lhe havia feito a promessa." Isaque foi abençoado com pais piedosos.

Quando Isaque era um jovem rapaz, Deus ordenou a Abraão que oferecesse o seu filho no altar como sacrifício, e ele obedeceu (Gn 22). O futuro da nação hebraica estava naquele jovem, porém o Criador não desejava a vida de Isaque, mas o coração de Abraão. Deus queria que Abraão confiasse nele e não na bênção dele recebida. Novamente, foi a fé no poder da ressurreição do Altíssimo que transformou a prova em triunfo. "Pela fé Abraão, quando Deus o pôs à prova, ofereceu Isaque como sacrifício [...] Abraão levou em conta que Deus pode ressuscitar os mortos; e, figuradamente, recebeu Isaque de volta dentre os mortos" (Hb 11.17, 19). É algo maravilhoso quando pai e filho experimentam o poder da ressurreição do Senhor.

Isaque e sua esposa Rebeca tiveram dois filhos, Esaú e Jacó, sendo este último o escolhido por Deus como herdeiro das bênçãos da aliança. Sua história é encontrada em Gênesis 28-49. Jacó conheceu o Senhor, mas decidiu seguir os seus próprios planos e depender de seus engenhosos esquemas a fim de obter o que ele queria. Ele gerou doze filhos que fundaram as doze tribos de Israel.

O filho favorito de Jacó era José. Raquel, a mãe de José, também deu à luz a Benjamim. A história de José está em Gênesis – capítulos 37 a 50 – e relata como dez de seus irmãos o odiaram tanto que o venderam como escravo. Ele acabou no Egito e, por intermédio da orientação de Deus, no devido tempo, tornou-se o segundo homem mais poderoso do Egito, porém os seus irmãos mentiram ao seu pai e disseram-lhe que José estava morto. Nada foi capaz de consolar aquele idoso patriarca. Ele afirmou que chorando desceria à sepultura para junto de seu filho (Gn 37.35). Jacó era um homem pessimista que, com frequência, falava de "descer à sepultura com tristeza" (veja Gn 42.38; 44.29, 31).

Porém, quando os dez filhos viajaram ao Egito para obter comida durante os sete anos de fome, o Senhor colocou em ação um processo que colocaria José e seus irmãos frente a frente, levando seus dez irmãos ao arrependimento e à confissão! Eles voltaram para casa e revelaram a verdade ao pai, e Jacó experimentou o poder da ressurreição e a alegria em seu desgastado corpo e em sua mente cansada. Ele mudou-se com toda a família para o Egito, onde José havia preparado locais para eles viverem. Ao encontrar-se com José, no Egito, Jacó exclamou: "Agora já posso morrer" (Gn 46.30), contudo, o patriarca viveu pacificamente por mais setenta anos! Graciosamente, Deus o retirou do poço de desespero e lhe concedeu um novo começo. Foi uma ressurreição emocional e espiritual.

A história de José começa a ser contada a partir de seu décimo sétimo ano de vida, quando Deus lhe revela dois sonhos extraordinários e o rapaz os relata à sua família (Gn 37). A combinação de seus sonhos e o tratamento preferencial de seu pai resultaram no ódio dos demais irmãos. Então, eles planejaram matá-lo, porém mudaram de ideia e o venderam como escravo. Sua primeira "ressurreição" ocorreu quando ele foi retirado do poço. José tornou-se um escravo de Potifar, um dos oficiais egípcios, e, depois de algum tempo, passou a administrar toda a casa do egípcio. A esposa de Potifar tentou seduzir José e, então, mentiu sobre ele, levando-o à prisão. A palavra *calabouço* é usada em Gênesis 40.15 e 41.14 – o mesmo termo, no original, é usado para sepultura ou cova, nos Salmos 28.1, 30.3, 88.4, 143.7. Assim, quando Deus o libertou e o tornou o segundo governante da terra, foi como uma "ressurreição" dentre os mortos. Ao rever as "ressurreições" de Abraão e Sara, Isaque, Jacó e José, você percebe que Israel é, de fato, uma nação de milagres. Porém, ainda há outra ressurreição, pois Paulo comparou a restauração futura de Israel à "vida dentre os mortos" (Rm 11.15; veja também Ez 37.1-14).

UMA NOVA CRIAÇÃO: A IGREJA

Quando Jesus falou a Marta sobre a ressurreição de Lázaro, seu irmão, ela afirmou a sua fé naquela doutrina judaica: "Eu sei que ele vai ressuscitar na ressurreição, no último dia" (Jo 11.24; veja também At 23.8). Porém, Jesus tinha algo mais em mente e replicou: "Eu sou a ressurreição e a vida" (Jo 11.25). *Ele moveu a ressurreição para fora de uma declaração de fé e a personificou, e a transportou do futuro para o presente*. Ele não tornou nula a doutrina da futura ressurreição, mas disse a Marta (e a nós) que o seu poder ressuscitador está disponível ao seu povo hoje.

Por mais importante que seja a doutrina, não é suficiente para nós simplesmente afirmar que acreditamos nela. Precisamos compreender que a doutrina bíblica está encarnada no Filho de Deus e que, por meio do Espírito, ele torna cada doutrina real e ativa em nossa vida. "É, porém, por iniciativa dele que vocês estão em Cristo Jesus, o qual se tornou sabedoria de Deus para nós, isto é, justiça, santidade e redenção" (1Co 1.30). Cristianismo não é apenas mais uma religião com uma declaração de fé. Cristianismo é Cristo!

Dos inúmeros retratos da salvação encontrados nas Escrituras, a ressurreição é um dos mais importantes e encorajadores. "Eu asseguro: Quem ouve a minha palavra e crê naquele que me enviou, tem a vida eterna e não será condenado, mas já passou da morte para a vida" (Jo 5.24). Aqueles sem Cristo não estão simplesmente "doentes" por causa de seus pecados; eles estão "mortos em suas transgressões e pecados [...] Todavia, Deus, que é rico em misericórdia, pelo grande amor com que nos amou, deu-nos vida juntamente com Cristo, quando ainda estávamos mortos em transgressões – pela graça vocês são salvos. Deus nos ressuscitou com Cristo e com ele nos fez assentar nos lugares celestiais em Cristo Jesus" (Ef 2.1, 4-6). Aleluia!

Não sabemos quantas pessoas Jesus ressuscitou dentre os mortos, porém três desses milagres são registrados nos evangelhos. Ele ressuscitou uma menina de doze anos que havia acabado de falecer (Lc 8.40-56), um jovem rapaz que já estava morto havia provavelmente um dia (7.11-17) e Lázaro, um homem mais velho que havia falecido quatro dias antes (Jo 11.38-44). Se eu lhe perguntasse qual desses três ressuscitados era o mais morto, decerto você pensaria que fiquei louco, porque *não há diferentes graus de morte, apenas decomposição física*. Há milhões de pessoas religiosas e refinadas vivendo em nosso mundo que, como a menina, não mostram nenhum sinal de decomposição, porém estão espiritualmente mortas. Outras, como o jovem rapaz, exibem maiores sinais de deterioração, enquanto algumas, como Lázaro, estão em avançado estado de decomposição, e todos sabem disso. Porém, todas elas, sem exceção, estão mortas!

Em cada exemplo, foi o comando de sua Palavra que restaurou a vida àquelas pessoas, a mesma Palavra que hoje ressuscita pecadores da morte espiritual quando eles creem em Jesus (Jo 5.24; Hb 4.12; 1Pe 1.23-25). E, após terem recebido nova vida, todos eles mostraram evidências de que estavam, de fato, vivos. A menina levantou-se da cama e se alimentou; o jovem rapaz falou e Lázaro, mesmo com os pés atados, saiu da caverna e depois vestiu roupas novas. Quando pecadores são ressuscitados da morte espiritual pelo poder do Cristo vivo, é possível reconhecer isso pela maneira como agem, como falam, por seu apetite pelo alimento espiritual, bem como a rejeição pela antiga vida à medida que eles "se revestem da nova" (Cl 3.5-17). Paulo expressa isso lindamente em 2Coríntios 5.17: "Portanto, se alguém está em Cristo, é nova criação. As coisas antigas já passaram; eis que surgiram coisas novas!"

Contudo, há duas grandes diferenças entre as ressurreições física e espiritual. Primeira diferença: todos aqueles que foram ressuscitados dentre os mortos pelo Senhor Jesus ou pelos apóstolos morreram novamente, mas aqueles que ressuscitaram para a vida eterna jamais morrerão novamente. Os seus corpos podem "dormir" na morte, porém seus espíritos estarão para sempre com Cristo. Quando Jesus retornar, estes receberão novos e gloriosos corpos, assim como os cristãos que estiverem vivos em sua vinda, e subirão ao encontro do Senhor nos ares (1Ts 4.13-18).

Segunda diferença: os que foram ressuscitados por Cristo e os apóstolos retornaram à vida natural, mas os que confiaram em Jesus desde a sua ascensão ao céu possuem uma vida sobrenatural na pessoa do Espírito Santo. O Espírito identifica cada um que crê com a morte, o enterro, a ressurreição, a ascensão e a entronização do Salvador! Leia com atenção as passagens de Efésios 2.4-10, Colossenses 2.6-15 e Romanos 6, bem como observe as orações de Paulo pelo povo de Deus em Efésios 1.15-23 e 3.14-21. Nosso Pai deseja que vivamos pela fé no poder de ressurreição de Jesus Cristo por meio do ministério revigorante do Santo Espírito.

O Espírito Santo não podia estar disponível ao povo de Deus até que o Senhor Jesus morresse, fosse ressuscitado dentre os mortos e ascendesse ao céu. "Mas eu afirmo que é para o bem de vocês que eu vou. Se eu não for, o Conselheiro [Espírito Santo] não virá para vocês; mas se eu for, eu o enviarei" (Jo 16.7; veja também Jo 7.37-39). Hoje, o mesmo poder que levantou Cristo dentre os mortos está disponível a todo o povo de

Deus (Ef 1.18-23), o que Paulo chamou de "o poder da sua ressurreição" (Fp 3.10). Isso não é história do passado, mas é a presente realidade. Jesus disse: "Eu sou a ressurreição e a vida." As igrejas são formadas por indivíduos que creem, e o Espírito Santo deve ter o controle desses cristãos ou nada pode ser realizado para a glória de Deus. O poder de sua ressurreição não é somente um poder salvador (Rm 10.9-10) e intercessor (Hb 7.25), mas igualmente é um poder vivificador (Rm 6.4; Gl 21.20) e servidor (At 1.8; 2Co 5.14-15).

É triste constatar que muitos cristãos professos são como aqueles doze homens espiritualmente cegos que Paulo encontrou em Éfeso e que não conheciam sobre a habitação do Espírito Santo (At 19.1-7). Igualmente, é lamentável que muitas igrejas locais sejam como aquela em Laodiceia que achava possuir tudo, mas, na verdade, era "miserável, digno de compaixão, pobre, cego e que está nu" (Ap 3.14-22). Os tais afirmavam adorar a Jesus, porém o Senhor está fora da igreja, à porta, tentando entrar (v. 20)!

A igreja não depende do poder financeiro ("Não tenho prata nem ouro", At 3.6), de um grande intelecto ou talento ("eram homens comuns e sem instrução", At 4.13) nem de nada que o mundo pode oferecer ("O meu Reino não é deste mundo", Jo 18.36). O sucesso da igreja depende inteiramente do poder que o Espírito concede ao povo de Deus enquanto eles oram, creem e buscam servir ao Senhor visando apenas à glória do Criador. O segredo do sucesso espiritual não é obtido pela imitação dos métodos deste mundo, mas em ser encarnado pelo Senhor e seu poder por intermédio do ministério do Espírito. "Mas receberão poder quando o Espírito Santo descer sobre vocês" (At 1.8).

Uma igreja onde há pregação e oração é uma igreja poderosa. Os apóstolos dedicavam especial atenção "à oração e ao ministério da palavra" (At 6.4), pois o Santo Espírito usa a oração e as Escrituras para realizar a sua obra. Com oração, mas sem Escrituras, você acaba com calor, porém sem luz; o contrário resultará em luz, mas sem calor. Deus deseja que as nossas igrejas sejam equilibradas de modo que o Espírito possa nos capacitar ao testemunho, ao serviço e ao combate.

UMA NOVA EXPECTATIVA: A FÉ VIVA DOS CRISTÃOS

No Novo Testamento, três epístolas principiam com "Bendito seja o Deus e Pai de nosso Senhor Jesus Cristo." Efésios 1.3 olha para *trás* e louva a Deus porque ele tem abençoado o seu povo com todas as bênçãos espirituais em Jesus Cristo. O texto de 2Coríntios 1.3 louva Deus pelo *presente* encorajamento que ele nos dá quando estamos em dificuldades. Já a passagem de 1Pedro 1.3 foca o *futuro* e louva o Pai porque "ele nos regenerou para uma esperança viva, por meio da ressurreição de Jesus Cristo dentre os mortos." Ninguém que crê em Cristo precisa temer a morte ou o futuro, porque Jesus está vivo e tem nos dado uma "esperança viva."

Pedro gosta de utilizar a palavra *viva*. Juntamente com a "esperança viva", ele nos lembra que a Palavra é "viva e permanente" (1Pe 1.23) e que Jesus é a "pedra viva" (2.4), enquanto os cristãos são "pedras vivas" (v. 5). Uma "esperança viva" não morre porque está enraizada no eterno. Aristóteles definiu a esperança como "o sonho do homem acordado", e muitas esperanças populares transformaram-se em pesadelos. O psiquiatra Karl Menninger afirmou que a esperança é "uma aventura, um seguir adiante – uma busca confiante por uma vida recompensadora." Algumas esperanças são só espuma e borbulhas, mas quando Deus faz uma promessa, você pode ter a certeza de que ele irá cumpri-la. "Pois quantas forem as promessas feitas por Deus, tantas têm em Cristo o 'sim'" (2Co 1.20).

Ao ler e refletir sobre João 11, observe atentamente as palavras e ações de nosso Senhor. Quando recebeu o recado de que Lázaro estava enfermo, ele enviou de volta o mensageiro com uma mensagem um pouco enigmática. "Esta doença não acabará em morte; é para a glória de Deus, para que o Filho de Deus seja glorificado por meio dela" (v. 4). O mensageiro fielmente transmitiu a mensagem (vv. 38-40), mas parece que isso não encorajou as irmãs. Se toda a preocupação de Cristo fosse apenas com a saúde de Lázaro e a tristeza das duas irmãs, ele poderia ter curado Lázaro à distância, assim como fez com o filho doente do oficial do rei (Jo 4.46-54) e com o servo amado do centurião romano (Lc 7.1-10). Contudo,

Jesus queria que todos soubessem que o Pai havia lhe dado permissão para realizar aquele milagre a fim de que ambos, o Pai e o Filho, fossem glorificados e as pessoas colocassem a sua fé nele.

Jesus procurou confortar Maria e Marta com suas palavras e quando chegou ao local do sepulcro, chorou. Cristo sabia que em poucos minutos Lázaro estaria novamente vivo, assim, suas lágrimas não foram pelo amigo. Ele chorou porque viu a dor e a tristeza que o pecado trouxera ao mundo e, talvez, porque sabia que chamaria Lázaro de um local de perfeita alegria para um mundo cheio de miséria. Tivessem Maria e Marta compreendido e crido na mensagem de nosso Senhor, elas estariam em paz, aguardando calmamente a chegada de Jesus a Betânia.

Cristo prometeu ao seu povo: "Voltarei e os levarei para mim" (Jo 14.3). Paulo chamou esse evento de "bendita esperança" (Tt 2.11-14). Por Jesus ser "a ressurreição e a vida", os cristãos possuem a expectativa de vê-lo, de ser como ele e de viver com ele para sempre. Pelo fato de Jesus estar vivo, essa promessa é uma "esperança viva" que cresce cada vez mais forte no coração de seu povo. Sim, por séculos a igreja tem aguardado e vigiado por seu retorno, e houve inúmeras vezes em que os cristãos esqueceram-se da promessa e foram dormir. Pedro nos diz que essa aparente demora dá à igreja mais tempo para testemunhar e aos descrentes mais oportunidades para se arrependerem e serem salvos (2Pe 3.1-10).

Os cristãos que vigiam e aguardam a volta de Cristo (Mt 25.13) estarão prontos quando ele vier, porém os descuidados serão colhidos de surpresa. Na Primeira Carta de Paulo aos Tessalonicenses, cada capítulo termina com uma referência ao retorno de Jesus Cristo e a diferença que essa "bendita esperança" deve fazer em nossa vida:

- Abandonamos os ídolos e servimos ao Senhor (1.9-10)
- Amamos os santos e nos regozijamos com eles (2.17-20)
- Buscamos cultivar vidas irrepreensíveis (3.13)
- Nós nos entristecemos, porém não desesperadamente (4.13-18)
- Nós nos especializamos em santidade prática (5.23-34)

Recordo-me de ouvir o presidente de uma universidade cristã contar a respeito de um jovem rapaz que era um talentoso evangelista bem como um bom aluno. Esse jovem investia os seus fins de semana pregando o evangelho em igrejas localizadas a uma curta distância do campus. Ele havia construído uma reputação que glorificava o Senhor, mas, então, algo aconteceu. Ele começou a reduzir as suas pregações e os seus estudos na aula, e as suas notas despencaram. O presidente o chamou para uma conversa na esperança de determinar a causa das mudanças e de que o rapaz, por fim, confessasse. Ele havia se apaixonado por uma maravilhosa garota cristã e, em seu coração, passou a nutrir a esperança de que Jesus adiaria o seu retorno. O jovem queria casar-se e desfrutar das viagens e do ministério na companhia de sua amada. Uma vez que esse assunto foi esclarecido entre ele e seu Senhor, sua alegria voltou, sua aplicação nos estudos melhorou e o poder retornou ao seu ministério.

Uma estimada amiga, agora no céu, com frequência telefonava para minha esposa e para mim a fim de conversar e compartilhar pedidos de oração, finalizando cada conversação com a frase "Continue olhando para cima! Pode ser hoje!" Quando essa "esperança viva" se torna uma doutrina morta em nossa crença, pouco a pouco, o nosso serviço e testemunho para o Senhor perde a alegria e o poder. Por favor, não tente me provar o contrário – isso lhe custará muito! A derradeira promessa na Bíblia é: "Sim, venho em breve!" E a última oração é: "Amém. Vem, Senhor Jesus!" (Ap 22.20).

O apóstolo Paulo chamou a morte de "o último inimigo" (1Co 15.26), em especial quando ataca aqueles sem fé em Cristo. Para o que crê, a morte é um sono (1Ts 4.14; Jo 11.11), mas tenha em mente que isso se aplica ao corpo, e não à alma e ao espírito. Paulo também usou a palavra *partida* (Fp 1.23; 2Tm 4.6), que, no idioma grego, é uma rica metáfora. Para os soldados, isso significava desmontar a barraca e seguir adiante (2Co 5.1-8), já para os velejadores, denotava soltar as amarras e lançar-se ao mar. Os fazendeiros usavam esse termo para descrever a retirada do jugo sobre os bois, e nos regozijamos que os mortos em Cristo descansem de seus trabalhos (Ap 14.13). Pedro utilizou a palavra *exodus* ("partida", na maioria das traduções) para descrever a proximidade de sua morte (2Pe 1.15) e Lucas 9.31 usa o mesmo termo para descrever a morte do Senhor na cruz. Cristo comparou a sua própria morte com o plantio de uma semente que gera fruto (Jo 12.20-28) e Paulo valeu-se dessa mesma imagem na passagem de 1Coríntios 15.35-49. O Salmo 23 descreve a morte de um crente em Cristo como o caminhar seguro por um vale, adentrar a casa do Pai e viver com ele para todo o sempre.

Apesar dos relatos que lemos sobre experiências de "quase-morte" de pessoas descrentes que veem uma luz brilhante e perdem todo o medo, para a pessoa sem Cristo a morte é o "rei dos terrores" (Jó 18.14). Recomendo que você leia todo o capítulo 18 do livro de Jó e o guarde em seu coração. A ressurreição de Jesus Cristo declara que ele não é apenas o Salvador, mas também é o Juiz. "Pois [Deus] estabeleceu um dia em que há de julgar o mundo com justiça, por meio do homem que designou. E deu provas disso a todos, ressuscitando-o dentre os mortos" (At 17.31).

Vivemos num mundo que nega a realidade da morte. As pessoas não morrem; elas estão "falecidas" ou, talvez, tenham "partido" ou, ainda, "nos deixado." Elas não estão enterradas, mas "descansando" ou "no sono eterno." No entanto, uma mudança no vocabulário não altera a realidade: as pessoas morrem! Hebreus 9.27 nos diz que "o homem está destinado a morrer uma só vez e depois disso enfrentar o juízo." Contudo, quem crê em Jesus Cristo "tem a vida eterna e não será condenado, mas passou da morte para a vida" (Jo 5.24). Ressurreição!

Os cristãos possuídos pela "esperança viva" irão experimentar um "viver esperançoso", e essa esperança lhes propiciará a fé e a força das quais eles necessitam para lutar as batalhas, carregar os fardos e prosseguir adiante quando a vida se tornar dura. Ainda, a esperança os motiva a encorajar outros, bem como auxiliá-los a suportar as suas cargas. Não importa quão difícil a vida possa ser, eles sabem que Jesus já conquistou o último inimigo, a morte (Hb 2.9-15), e que a morte não possui mais domínio sobre eles (1Co 15.50-58). Meu amigo Joe Bayly, agora no céu, escreveu: "A morte é uma grande aventura, que faz as aterrissagens na lua e as viagens espaciais parecerem insignificantes."

Isso porque Jesus é para o seu povo "a ressurreição e a vida." Deixemos de lado a "mentalidade Marta", vendo a ressurreição apenas como uma doutrina ou um evento futuro no calendário de Deus, pois o poder da ressurreição de Cristo está disponível para o experimentarmos hoje, enquanto, em Cristo Jesus, "vivemos uma vida nova" (Rm 6.4).

8

O caminho, a verdade e a vida

"Eu sou o caminho, a verdade e a vida. Ninguém vem ao Pai, a não ser por mim."

João 14.6

Escolhi o caminho da fidelidade; decidi seguir as tuas ordenanças.

Salmo 119.30

Há caminho que parece certo ao homem, mas no final conduz à morte.

Provérbios 14.12

"Mas quando o Espírito da verdade vier, ele os guiará a toda a verdade."

João 16.13

"O Espírito dá vida; a carne não produz nada que se aproveite. As palavras que eu disse são espírito e vida."

João 6.63

Não há salvação em nenhum outro, pois, debaixo do céu não há nenhum outro nome dado aos homens pelo qual devamos ser salvos.

Atos 4.12

Pois há um só Deus e um só mediador entre Deus e os homens: o homem Cristo Jesus, o qual se entregou a si mesmo como resgate por todos.

1 Timóteo 2.5-6

Hoje [...] coloquei diante de vocês a vida e a morte, a bênção e a maldição. Agora escolham a vida, para que vocês e os seus filhos vivam, e para que vocês amem o SENHOR, o seu Deus, ouçam a sua voz e se apeguem firmemente a ele. Pois o SENHOR é a sua vida.

Deuteronômio 30.19-20

A Bíblia registra muitos discursos de despedida. Moisés fez o mais longo deles (33 capítulos em Deuteronômio), e Paulo fez um dos mais curtos (At 20.13-35). Porém, de todas essas despedidas, certamente o discurso de nosso Senhor, proferido no aposento superior, é o mais profundo (Jo 13-16). Você pode lê-lo e ponderar nele repetidas vezes, que sempre aprenderá algo novo.

Jesus fez essa declaração a fim de preparar os discípulos para a sua partida, porque seriam privilégio e responsabilidade deles dar continuidade à sua obra após o retorno do Senhor ao céu. Primeiro, Jesus ensinou-lhes (Jo 13-16), a seguir, orou por eles (João 17) e, então, saiu e morreu por eles – e por nós. No Pentecostes, o Espírito Santo desceu para dar poder aos que creram (At 2), e naquele dia a ministração de Pedro levou três mil pessoas à fé em Cristo.

Talvez a palavra mais importante proferida no discurso de despedida seja *Pai*, pois é usada 53 vezes (No evangelho de João, essa palavra é encontrada cerca de cem vezes). Jesus disse ao seu Pai: "Eu revelei teu nome àqueles que do mundo me deste" (Jo 17.6), e o nome ao qual Cristo se referia era provavelmente "Pai." No Antigo Testamento, raramente há referências a Deus como "Pai."[1]

Por ser o caminho, a verdade e a vida, Jesus é capaz de ministrar ao coração das pessoas.

CORAÇÕES PERTURBADOS

Os verbos *perturbar* (Jo 14.1, 27) e *afligir* (Jo 16.6, 20-22) indicam que a atmosfera no aposento superior era séria e sóbria. Embora os discípulos não entendessem totalmente tudo o que estava acontecendo naquela noite, o que sabiam era suficiente para deixá-los preocupados; e eles estavam perturbados por inúmeras razões. Para começar, estavam tristes porque o Mestre iria deixá-los e eles não se sentiam preparados para o trabalho que os esperava adiante. Além disso, Cristo havia anunciado que um traidor estava assentado à mesa com eles, suscitando o questionamento deles. Porém, todos ficaram chocados quando Jesus afirmou que Pedro iria negá-lo três vezes! Eles viam Pedro como seu líder, e se um homem importante e ousado como ele falharia com o seu Senhor, o que os demais poderiam fazer?

Temos essas mesmas fontes de tristeza em nossa vida. Às vezes, podemos sentir que nosso Senhor nos abandonou ou, talvez, que tenha nos dado uma missão além de nossas capacidades. Ou ainda, quem sabe, podemos sofrer com a traição de um amigo ou sócio, ou alguém que admiramos caia ou falhe. Tais experiências machucam e nos atingem mais quando somos nós que falhamos.

Nosso Senhor confirmou o coração dos discípulos ao falar-lhes sobre o Pai. Jesus já lhes havia contado que tinha vindo para glorificar o Pai (Jo 8.49) e naquela noite revelou-lhes que o Espírito Santo glorificaria o Filho enquanto eles o servissem (Jo 16.14). Os filhos sabem que seus pais estão lá para encorajá-los e assisti-los, e sempre recorrem a eles quando algum problema surge. Similarmente, nosso Pai celestial cuida de nós. Quando Filipe pediu a Jesus que lhe mostrasse o Pai, o Senhor respondeu: "Quem me vê, vê o Pai" (Jo 14.9).

Isso nos ajuda a compreender a declaração familiar em João 14.6. Jesus é o caminho e leva os que creem nele à *casa* do Pai. Jesus é a verdade e revela o *coração* do Pai. Cristo é a vida e traz o Pai até nós para termos o seu *auxílio*. Ao confiarmos em Jesus, iniciamos a peregrinação à casa do

Pai porque ele é o *caminho*. Prosseguimos em nossa jornada ao aprendermos mais verdades sobre Cristo e o Pai (2Pe 3.18). Desfrutamos tanto do caminho quanto da verdade porque compartilhamos a vida de Jesus e obedecemos à sua vontade. Ele declarou: "Se alguém me ama, guardará a minha palavra. Meu Pai o amará, nós viremos a ele e faremos nele morada" (Jo 14.23). O pregador britânico Charles Spurgeon disse: "Uma pequena fé levará a sua alma ao céu; uma grande fé trará o céu à sua alma."

Jesus é o caminho – o *único* caminho – para o céu, e o céu é a nossa morada final. Independentemente das circunstâncias que possamos enfrentar, o conhecimento de que estamos destinados à casa do Pai é suficiente para nos encorajar a seguir em frente. Em nosso ministério itinerante, sempre que minha esposa e eu deixávamos uma igreja ou uma conferência após a reunião final, sentíamos uma alegria silenciosa, sabendo que estávamos indo para casa. Nosso voo podia atrasar ou as condições climáticas podiam ameaçar a segurança de nossa viagem de carro, mas nada disso fazia a menor diferença, porque estávamos indo para o nosso lar. James M. Gray, ex-presidente do Instituto Bíblico Moody, escreveu uma canção com este tema-chave: "Quem se importa com a jornada quando a estrada leva ao lar?" Na igreja primitiva, a verdade sobre a vida em Jesus era, com frequência, chamada de "o caminho" (At 16.17; At 18.25-26; At 19.9, 23; At 22.4; At 24.14, 22; 2Pe 2.21).

Para Cristo, o céu era real, e João enfatiza esse fato em seu evangelho. O Pai enviou Jesus do céu, uma afirmação repetida 38 vezes no evangelho de João. No sexto capítulo de João, por sete vezes Cristo disse que ele havia "descido do céu." Para ele, o céu era um lugar real, não um estado de mente, como algumas pessoas querem nos fazer crer. Ele chamou o céu de "casa de meu Pai" (Jo 14.2; veja também Sl 23.6), o que significa que é um amoroso lar para a família de Deus.

É triste constatar que muitos dentre o povo de Deus pensam no céu apenas quando alguém próximo morre. Nossa segurança quanto ao céu deveria ser uma poderosa motivação diária em nossa vida. Abraão e outros patriarcas deram as costas para as cidades deste mundo, focando na cidade celestial, e isso os ajudou na caminhada (Hb 11.8-10, 13-16). O rei Davi foi encorajado sabendo que encontraria o Senhor no céu (Sl 17.15; 23.6), e a alegria que lhe fora proposta auxiliou Jesus a suportar a cruz (Hb 12.1-2; veja também Jd 24). O encantamento da tentação e as cargas de dor e tristeza são diminuídos e, com frequência, removidos, quando deixamos que a expectativa vindoura do céu preencha a nossa mente e coração, sabendo que Cristo é o caminho.

Se escolhermos o caminho errado, não nos aproximaremos do Pai, e isso significa perder as bênçãos que ele deseja nos conceder. "Como é feliz aquele que não segue o conselho dos ímpios, não imita a conduta dos pecadores, nem se assenta na roda dos zombadores! Ao contrário, sua satisfação está na lei do SENHOR, e nessa lei medita dia e noite" (Sl 1.1-2). *Se desejamos a bênção plena de Deus, não devemos separar o caminho da Palavra.* "Seguir o conselho dos ímpios" significa derrota, porém "seguir o conselho do Espírito" significa vitória e bênção.

Jesus é a verdade, e a sua Palavra é a verdade (Jo 17.17). Assim, podemos encontrá-lo nas páginas da Bíblia e recebermos conforto e força para a jornada. O cristão maduro investe tempo diário na leitura das Escrituras Sagradas e na meditação de suas verdades, achegando-se, dessa maneira, ao coração do Pai e sendo fortalecido. Recordo-me das muitas vezes que, em meu próprio ministério, me senti como alguém que portava um alvo nas costas no qual as pessoas atiravam. Então, nessas situações, abria a minha Bíblia e pedia ao Espírito que me desse a verdade da qual eu necessitava, e ele jamais falhou em satisfazer aquela necessidade. As palavras de Mary A. Lathbury, no hino "Jesus, Pão da Vida", descrevem com exatidão a minha experiência: "Além da página sagrada, busco a ti, Senhor / Meu espírito anseia por Ti, ó Palavra viva."

Ao ler as epístolas de Paulo e os sermões em Atos, você descobrirá o apóstolo fazendo menção, com frequência, às Escrituras e citando os seus textos, porque ele era um homem cheio da Palavra de Deus. Creio que esse foi um dos segredos de sua resiliência nas inúmeras situações de estresse e perigo que ele experimentou. Aos cristãos em Roma, ele escreveu: "Pois tudo o que foi escrito no passado, foi escrito para nos ensinar, de forma que, por meio da perseverança e do bom ânimo procedentes das Escrituras, mantenhamos a nossa esperança" (Rm 15.4). A Palavra crida e recebida fornece ensino que traz encorajamento, perseverança e esperança.

O autor do Salmo 119 conhecia a bênção de obter encorajamento das Escrituras: "Desfalece a minha alma pela tua salvação, mas espero na tua palavra. Os meus olhos desfalecem pela tua palavra; entrementes dizia: 'Quando me consolarás tu?' Pois estou como odre na fumaça; contudo não me esqueço dos teus estatutos" (vv. 81-83 – ARA). Como você se sente quando é um "odre na fumaça"? Odres de vinho velhos eram pendurados nos quartos de hóspedes e, devido ao fogo e à fumaça, se tornavam quebradiços, secos e sujos. Então, as pessoas os ignoravam e provavelmente não os utilizavam mais. Assim, o salmista sentia-se negligenciado, inútil, feio e ordinário. Quem se importa? Quem me deseja? Sou desprezível!

Foi um dia maravilhoso em minha vida quando aprendi que podia encontrar Jesus no Antigo Testamento assim como no Novo Testamento. Ao cruzar as referências dos livros do Novo Testamento com o Antigo, e vice-versa, encontrei o meu Salvador, uma página após a outra, e que bênção isso significou para mim! Ele apareceu a Abraão e deu-lhe conselho (Gn 18). Encontrou-se com Josué antes da batalha de Jericó (Js 5.13-15). O amor de Jesus por nós é expresso à medida que lemos sobre o amor de Boaz e Rute, bem como demonstra o seu cuidado por nós por meio de sua presença na fornalha com os três amigos de Daniel (Dn 3). Isaías o viu em seu glorioso trono (Is 6), assim como viu Cristo na cruz (Is 53). Por fim, Davi honrou-o como o Filho exaltado (Sl 2) e o amoroso Pastor (Sl 23).

Jesus é o caminho que nos leva à casa do Pai, bem como é a verdade sobre o coração do Pai. Igualmente, ele é aquele que nos traz o auxílio do Pai enquanto permanecemos nele e compartilhamos a sua vida. *A vontade de Deus jamais nos conduz a um lugar onde a graça e o poder de Deus não podem nos ajudar e nos ver.* Verdade e vida andam juntas, pois a verdade nos foi dada para nos auxiliar a experimentarmos a vida e o poder no Espírito. "Também agradecemos a Deus sem cessar, pois, ao receberem de nossa parte a palavra de Deus, vocês a aceitaram não como palavra de homens, mas segundo verdadeiramente é, como palavra de Deus, que atua com eficácia em vocês, os que creem" (1Ts 2.13).

É incrível o quanto esse versículo nos ensina sobre a Bíblia! A Palavra de Deus é um presente que recebemos de Deus e, assim, devemos aceitá-la e agradecer ao Senhor por ela. Os cristãos que não sentem gratidão pela Bíblia dedicarão pouco tempo a ela. Não podemos nos esquecer de que ela é a Palavra *de Deus*, o que significa que é viva e poderosa (Hb 4.12). À medida que cremos nas Escrituras e obedecemos a elas, o poder de Deus opera em nós e por nosso intermédio, cumprindo os propósitos divinos. O Criador não nos deu a sua Palavra para podermos explicá-la aos outros, mas para que pudéssemos experimentá-la em nós mesmos, vivenciando-a em nosso cotidiano para que outros vejam o Senhor. A Palavra deve se tornar carne em nossa própria vida (Jo 1.14) enquanto a recebemos e servimos ao Senhor. "Sejam praticantes da palavra, e não apenas ouvintes, enganando-se a si mesmos" (Tg 1.22).

O cristianismo não é um credo, uma organização ou um sistema religioso. É a vida de Deus nos seres humanos, transformando-nos mais à semelhança de Cristo. "E este é o testemunho: Deus nos deu a vida eterna, e essa vida está em seu Filho. Quem tem o Filho, tem a vida; quem não tem o Filho de Deus, não tem a vida" (1Jo 5.11-12). A verdade fundamental é *encarnação* – "Cristo vive em mim" (Gl 2.20). O Filho, a Palavra, a graça e o Espírito de Deus não apenas nos encorajam, mas *nos capacitam*! Paulo escreveu: "Mas, pela graça de Deus, sou o que sou, e sua graça para comigo não foi em vão; antes, trabalhei mais do que todos eles; contudo, não eu, mas a graça de Deus comigo" (1Co 15.10).

Algumas pessoas chamam de "a vida mais profunda", outras "a vida superior", "a vitoriosa vida cristã" ou, ainda, "a vida transformada." Seja qual for o nome que você dê a ela, simplesmente é a vida de Deus operando em nós e por nosso intermédio enquanto seguimos Cristo, o caminho, cremos em Jesus, a verdade, e nos rendemos a ele, a vida. É crer que Efésios 3.20-21 realmente significa o que expressa e agir com base nisso: "Àquele que é capaz de fazer infinitamente mais do que tudo o que pedimos ou pensamos, de acordo com o seu poder que atua em nós, a ele seja a glória na igreja e em Cristo Jesus, por todas as gerações, para todo o sempre!"

Vamos, juntos, acompanhar Paulo declarando "Amém!" Que assim seja em nossa vida!

CORAÇÕES FRUTÍFEROS

Os apóstolos realizaram bem o trabalho que lhes foi proposto e igrejas foram plantadas em Jerusalém, Judeia, Samaria e no mundo gentílico (At 1-10). Apesar das heresias no âmbito interno e as perseguições externas, o povo de Deus perseverou na propagação do evangelho, e muitos de nossos ancestrais foram fiéis, de modo que ainda há uma igreja no mundo. O inimigo não prevaleceu, e o Senhor prossegue edificando a sua igreja.

Porém, que tipo de igreja é essa? No tocante à maior parte do mundo Ocidental, decerto não é a comunhão dinâmica descrita no livro de Atos. Em Jerusalém, os que creram em Cristo mantiveram-se unidos, tendo tudo em comum (Atos 2.44), enquanto hoje em dia somos divididos e competitivos. A vida que os cristãos primitivos viviam e as obras que eles realizavam atraíam a atenção, e, diariamente, mais pessoas ouviam o evangelho e confiavam no Salvador. Os cristãos daquela época não dispunham dos modernos recursos de mídia e das técnicas promocionais que ostentamos hoje, mas as boas-novas se espalhavam e as igrejas cresciam.

Glorificamos a Deus ao revelarmos Jesus em nosso caminhar, em nossas palavras e ações diante de um mundo que nos observa. Contudo, se isso é o que significa ser um cristão, então algo está errado em algum lugar. A maioria de nossa "atividade cristã" ocorre em um edifício (também chamado de "igreja"), porém nem sempre vemos muita evidência do Senhor no lar, no local de trabalho ou nos corredores do poder. Estatísticas mostram que há pouca diferença entre a taxa de divórcios entre cristãos professos e a taxa entre descrentes fora da igreja. Tudo isso é agravado pela imoralidade dos líderes religiosos, incluindo-se os evangélicos, havendo até mesmo "golpistas cristãos" que roubam o dinheiro dos incautos. A igreja primitiva igualmente tinha de lutar contra algumas dessas coisas, porém hoje, o nosso anseio é que tais incidentes não ocorram com tanta frequência.

Ouço cristãos reclamando da escuridão moral e espiritual em que o mundo se encontra, mas se houvesse mais luz – a luz dos cristãos –, haveria menos trevas. Especialistas afirmam que nossa sociedade está em franca deterioração, e eu acredito nisso. Porém, se houvesse mais sal – o sal dos cristãos –, haveria menos decadência. "Assim a justiça retrocede, e a retidão fica à distância, pois a verdade caiu na praça e a honestidade não consegue entrar" (Is 59.14). Temos um grande congestionamento que nem a polícia e tampouco as cortes podem resolver! O problema repousa em nós, o povo de Deus, e "chegou a hora de começar o julgamento pela casa de Deus" (1Pe 4.17).

Necessitamos de reavivamento. Sei que essa é uma palavra antiga que pode não ser politicamente correta em nossos dias. Raramente é usada entre os cristãos, exceto se o significado for "uma cruzada evangelística anual." Por "reavivamento" quero dizer "vida nova, vida renovada" entre o povo de Deus. Nem tudo o que chamamos "bênção" vem do Senhor. Com frequência, é apenas o resultado do talento e do esforço humano, e não do Espírito de Deus. Assim, as pessoas recebem o louvor, mas o Altíssimo não fica com a glória. Na igreja primitiva, as pessoas viviam "cheias de temor" (At 2.43), porém, agora, vivemos para negócios enfadonhos, em geral.

Uma verdadeira bênção divina é algo que Deus concede, diz ou faz que resulta em glória para ele e atende as nossas necessidades, *sem que haja uma explicação*! O dinheiro para resolver uma necessidade financeira surge inesperadamente, no momento certo. Aquela pessoa que você precisa urgentemente ver está no mesmo restaurante no qual você acabou de entrar para tomar uma xícara de café. Aquele velho livro que você procura há tempos aparece em uma livraria onde você entrou por acaso. Você pode chamar esses eventos de "pequenos milagres", porém eles podem ser grandes quando se trata de honrar o Senhor. Sei muito bem, porque todos eles aconteceram comigo. Bob Cook, no ministério Mocidade para Cristo, costumava nos lembrar: "Se você consegue explicar o que está acontecendo, Deus não fez isso."

Voltemos a João 14.6 e nossa desesperada necessidade por uma vida renovada do céu – que meu amigo pastor Jim Cymbala chama de "vento fresco, fogo fresco."

Uma das receitas de Deus para o reavivamento está em Salmo 1.1-3. Essa passagem descreve o tipo de pessoa que o Criador abençoa e usa. Essa descrição traça um paralelo com as palavras do Senhor em João 14.6.

Jesus é o caminho

"Como é feliz aquele que não segue o conselho dos ímpios, não imita a conduta dos pecadores nem se assenta na roda dos zombadores!"

Jesus é a verdade

"Ao contrário, sua satisfação está na lei do SENHOR, e nessa lei medita dia e noite."

Jesus é a vida

"É como árvore plantada à beira de águas correntes: Dá fruto no tempo certo e suas folhas não murcham. Tudo o que ele faz prospera!"

Para recebermos a bênção do Altíssimo, devemos ser obedientes, o tipo de pessoa que ele *pode* abençoar. "O SENHOR Deus é sol e escudo; O SENHOR concede favor e honra; não recusa nenhum bem aos que vivem com integridade" (Sl 84.11). Devemos permanecer separados do mundo, o que João descreveu como "a cobiça da carne, a cobiça dos olhos e a ostentação dos bens" (1Jo 2.16), e andar com o Senhor e com o povo de Deus. Porém, se os ímpios, os pecadores e as pessoas que zombam das coisas do

Altíssimo estão influenciando o nosso coração e a nossa mente, então estamos perdendo a bênção de Deus. Se estamos caminhando nas sombras ou nas trevas e não na luz, mentindo a esse respeito, o Senhor não pode abençoar (vv. 5-10). Deus não dá ouvidos às nossas orações se abrigamos o pecado em nosso coração e *nada fazemos a respeito*. "Se eu acalentasse o pecado no coração, o SENHOR não me ouviria" (Sl 66.18).

Outro dia, um pastor amigo me ligou e disse: "Ore por nós no próximo domingo, à tarde. A igreja está convocando uma assembleia solene de confissão e oração. Há algo errado aqui, e somente o Senhor pode revelar isso e promover a purificação."

Assim, juntamente com centenas de outras pessoas, oramos por ele e sua igreja. Posteriormente, soubemos que Deus enviou a bênção que eles estavam buscando.

Certa feita, ouvi um pregador dizer: "Há alguns anos, era comum ouvirmos sermões sobre sermos separados do mundo, porém não pregamos mais assim hoje. Amadurecemos muito e não precisamos desse tipo de assunto hoje."

Tive vontade de dizer-lhe após o culto: "O que você chamou de 'esse tipo de assunto' é o que ajudou a igreja a se tornar o que era, uma igreja que produzia santos e ganhadores de almas." A Palavra de Deus ainda diz: "Não se ponham em jugo desigual com descrentes. Pois o que têm em comum a justiça e a maldade? Ou que comunhão pode ter a luz com as trevas?" (Leia 2Co 6.14-18). Quer as pessoas gostem ou não, a Bíblia claramente nos adverte quanto aos perigos do compromisso com o mundo. "Adúlteros, vocês não sabem que a amizade com o mundo é inimizade com Deus? Quem quer ser amigo do mundo faz-se inimigo de Deus" (Tg 4.4). Ser condescendente com o mundo leva a "se deixar corromper pelo mundo" (Tg 1.27), e, logo, começamos a "amar o mundo" (1Jo 2.15-17). Com o tempo, essa inclinação nos "amolda ao padrão deste mundo" (Rm 12.1-2). Se não nos arrependermos e buscarmos o perdão de Deus, seremos "disciplinados para que não sejamos condenados com o mundo" (1Co 11.32).

Se você precisa de uma confirmação dessa sequência, basta rever a vida de Ló. Como sobrinho de Abraão, Ló teve a maravilhosa oportunidade de aprender sobre o Senhor e compartilhar das bênçãos da aliança, porém escolheu montar as suas tendas perto de Sodoma (Gn 13.10-13) e, então, mudou-se para aquela cidade (Gn 14.1-16). Abraão o resgatou uma vez, porém Ló retornou a Sodoma (Gn 19.1). Quando o Senhor estava para destruir a cidade, dois anjos foram por ele enviados a fim de resgatar Ló e a sua família, mas os anjos foram obrigados a pegar ele, sua mulher e as duas filhas pela mão, retirando-os da cidade em segurança (cap. 19). *Ló perdeu tudo quando Deus destruiu Sodoma!* Paulo chamou isso de ser salvo "como alguém que escapa através do fogo" (1Co 3.15).

Uma filosofia atual insiste na ideia de que a igreja deve se tornar mais como o mundo a fim de atrair o mundo para a igreja, porém tal crença não encontra respaldo nas Escrituras. Para início de conversa, os cristãos primitivos não dispunham de edifícios para atrair as pessoas porque a ordem era ir aonde o povo estava e testemunhar-lhe sobre Jesus. *No entanto, quanto menos nos parecermos com o mundo, mais atrairemos o mundo!* Quando você é diferente, atrai as pessoas; quando é estranho, as repele; quando você é uma imitação barata, atrai o escárnio delas. Quando pessoas incrédulas entram em contato com cristãos, *elas esperam que eles sejam diferentes.* Quando pessoas descrentes visitam a igreja, elas esperam que o foco do culto seja Deus, e não se sentirem como se estivessem em um clube religioso.

Isso nos leva a outro fator essencial para a bênção do Senhor: deleitar-se constantemente na Palavra de Deus, pois Jesus é a verdade. As pessoas que o Altíssimo abençoa não leem simplesmente a Bíblia, mas meditam e se deleitam nela. A Palavra de Deus é uma semente (Lc 8.11) e quando ela é plantada no coração e cultivada – aqui é que entra a meditação –, cria raízes, cresce e frutifica. Os cristãos que ignoram a Palavra ou não lhe dão a devida importância são incapazes de produzir fruto e, portanto, não se tornam bênçãos para os outros.

Um santo, que se entregou totalmente à Palavra de Deus, escreveu o Salmo 119, e em quase todo versículo deste salmo há uma menção às

Escrituras. Certa feita, li atenta e vagarosamente o Salmo 119, anotando uma lista de imagens usadas pelo salmista a fim de expressar o quanto a verdade de Deus significava para ele. Descobri que ele preferia o Texto Sagrado ao alimento (v. 103),² a riquezas (vv. 14, 72, 127, 162), ao sono (vv. 55, 62, 147-148, 164) ou mesmo aos amigos (vv. 51, 95, 115)! Leia estes versículos, reflita sobre eles e pergunte a si mesmo: "Eu amo a Palavra de Deus tanto assim?"

O que nos deleita é aquilo por que nos sacrificaremos a fim de desfrutar. Se nos deleitamos na Palavra de Deus, alegremente sacrificaremos horas de sono para acordarmos bem cedo a cada manhã, assim como Davi (Sl 57.8; 108.2) e Jesus (Is 50.4; Marcos 1.35). Prazerosamente, investiremos dinheiro em ferramentas para estudo bíblico, e se o nosso testemunho e obediência à verdade de Deus nos custar a perda de alguns amigos, oraremos por eles, confiando que Deus nos concederá novas amizades (Sl 119.63, 74, 79). A maneira como tratamos a Bíblia determina como tratamos Jesus, pois ele é a Palavra viva e o tema de toda a Palavra escrita.

Jesus é a vida, e a permanência nele nos permite receber a graça e o poder que precisamos para servir e obedecer. A imagem aqui é de uma árvore frutífera, um significativo retrato do fiel seguidor de Cristo. No mundo atual, a imagem que melhor retrata muitos cristãos é aquela planta rasteira que, arrancada do solo, rola "para cá e para lá por todo vento de doutrina e pela astúcia e esperteza de homens que induzem ao erro" (Ef 4.14).

Uma árvore saudável é enraizada, estável, formosa, frutífera e útil. As raízes alcançam os riachos de água providenciados pelo Senhor, e os cristãos são "arraigados e alicerçados em amor" (Ef 3.17), bem como "enraizados e edificados nele" (Cl 2.7), absorvendo a água do Espírito Santo (Jo 7.37-38). O sistema vital de raízes conduz a nutrição ao tronco e aos ramos, mantendo a árvore firme enquanto ela cresce. As folhas transformam a luz solar em tecido vegetal vivo e, no devido tempo, o fruto aparece.

A parte mais importante da árvore é o seu sistema de raízes, aquele que ninguém vê. Similarmente, na vida do cristão, a parte mais importante também é o seu "sistema de raízes", aquele que apenas o Altíssimo enxerga. "Mas quando você orar, vá para seu quarto, feche a porta e ore a seu Pai, que está no secreto. Então seu Pai, que vê no secreto, o recompensará" (Mt 6.6). Eu não invejo qualquer filho de Deus que não tenha tempo para dedicar à sua santidade, quer seja em uma oração matutina ou em uma vigília noturna.

A árvore não serve a si mesma, mas vive para os outros, e essa é a atitude que cada cristão deveria ter diante da vida. Árvores não consomem o seu próprio fruto, mas os oferecem a nós. (Mais tarde, neste livro, falarei mais sobre frutificação.) Árvores permanecem sob o sol e livremente providenciam uma refrescante sombra ao viajante. No outono, suas folhas auxiliam na nutrição ao solo, e durante todo o ano as suas raízes evitam a erosão do solo. A árvore é saudável, e suas folhas não murcham e morrem quando deveriam estar florescendo. Durante os anos de meu ministério pastoral, passei pela triste experiência de ver algumas "árvores" de Deus murcharem lentamente, apesar de todos os esforços feitos por mim e pela congregação tentando restaurar a sua saúde espiritual. Então, as tempestades vieram e elas se perderam.

A frase "tudo o que eles fazem prospera" refere-se às bênçãos que Deus envia àqueles cuja vida ele pode abençoar. Há um paralelo com Deuteronômio 29.9: "Sigam fielmente os termos desta aliança, para que vocês prosperem em tudo o que fizerem." O piedoso José prosperou (Gn 39.2), assim como Josué (Js 1.8) e Daniel (Dn 6.28). Isaías valeu-se de uma imagem similar: "O SENHOR o guiará constantemente; satisfará os seus desejos numa terra ressequida pelo sol e fortalecerá os seus ossos. Você será como um jardim bem regado, como uma fonte cujas águas nunca faltam" (Is 58.11). Em minha longa vida, tenho notado que alguns cristãos podem assumir um ministério moribundo e transformar o deserto em um jardim, enquanto outros conseguem o contrário – e a diferença não reside necessariamente no talento ou instrução. A diferença é a bênção de Deus sobre uma vida que pode ser abençoada.

CORAÇÕES REBELDES

João escreveu o seu evangelho visando declarar e defender o fato de que Jesus Cristo é o Filho de Deus, o único Salvador do mundo, e convidar os seus leitores a depositarem a fé nele (Jo 20.30-31). À medida que se lê o evangelho de João, é possível constatar o recrudescimento da descrença e hostilidade dos líderes judeus e a crescente fé e amor dos discípulos. Três crises aparecem no livro, e elas estão refletidas em João 14.6.

A primeira crise encontra-se registrada na passagem de João 6.60-66, após Jesus alimentar a multidão de cinco mil homens: "Daquela hora em diante, muitos dos seus discípulos voltaram atrás e deixaram de segui-lo" (v. 66). *Jesus é o caminho, porém eles não mais andariam com ele!* Os tais disseram que caminharam com Abraão e até mesmo se gabaram de Abraão ser o pai deles (Jo 8.39). Afirmaram ser seguidores de Moisés, mas rejeitaram aquele sobre quem Moisés escreveu (5.45-46; 9.28-29). O coração descrente deles estava cheio de rebelião contra o Senhor.

No tanque de Betesda, em Jerusalém, Jesus curou um homem que estava paralítico havia trinta e oito anos, em pleno sábado (Jo 5). Os líderes judeus começaram a persegui-lo, discutindo com Cristo por ele ter quebrado a tradição do sábado. Aqueles homens estavam tão arraigados à tradição humana que não conseguiam enxergar a verdade de Deus. Eles eram como algumas pessoas às quais testemunhamos hoje, incapazes de falar de outra coisa que não seja sobre a sua igreja, denominação ou ancestrais religiosos e totalmente ignorantes a respeito da Palavra de Deus.

Um dia, os escribas e fariseus criticaram Jesus e seus discípulos por não praticarem o cerimonial de lavagem das mãos antes de comerem. O Senhor respondeu-lhes com a citação de Isaías 29.13: "Este povo me honra com os lábios, mas o seu coração está longe de mim. Em vão me adoram; seus ensinamentos não passam de regras ensinadas por homens" (Mc 7.6-7). Deve haver um espaço para a tradição em nossa vida, porém a tradição humana jamais pode tomar o lugar da verdade de Deus. Os conflitos entre

Jesus e os líderes religiosos tornaram-se cada vez mais severos até que um plano para tirar-lhe a vida começou a ser concebido (Jo 7.1).

A segunda crise é relatada em João 12.37-38: "Mesmo depois que Jesus fez todos aqueles sinais miraculosos, não creram nele. Isso aconteceu para se cumprir a palavra do profeta Isaías, que disse: 'Senhor, quem creu em nossa mensagem, e a quem foi revelado o braço do Senhor?'" Em suas mensagens e milagres ("o braço do Senhor"), Jesus demonstrou quem era e o que tinha a oferecer a eles. Não obstante, eles não creram nele. Observe a assustadora sequência: "[...] não creram nele" (vv. 37-38), "eles não podiam crer" (v. 39), o que resultou em "permaneça nas trevas" (veja v. 46). O persistente endurecimento do coração acarreta a cegueira dos olhos e a paralisia da vontade. Cristo os advertiu: "Por mais um pouco de tempo a luz estará entre vocês. Andem enquanto vocês têm a luz, para que as trevas não os surpreendam, pois aquele que anda nas trevas não sabe para onde está indo" (v. 35), mas eles não deram ouvidos. Jesus é a verdade e pregou a verdade, *porém eles não creram nele*!

A terceira e derradeira crise está registrada nos capítulos 18 e 19 de João. Apesar de Jesus ser a vida, *eles o crucificaram*! "Eis o rei de vocês", disse Pilatos à multidão de judeus. No entanto, eles responderam: "Mata! Mata! Crucifica-o! [...] Não temos rei, senão César" (Jo 19.14-16).

Há três "rejeições" na história de Israel que merecem a nossa consideração: (1) Quando Israel pediu a Samuel que lhes desse um rei, o povo rejeitou Deus, o Pai (1Sm 8); (2) quando crucificaram Jesus, eles rejeitaram Deus, o Filho; (3) quando apedrejaram Estêvão, os judeus rejeitaram Deus, o Espírito Santo (At 7.51-60). As três rejeições exauriram a longanimidade de toda a divindade. Na cruz, Jesus orou pelo perdão de Israel (Lc 23.34) e Deus concedeu à nação cerca de quarenta anos de trégua. Porém, então, o julgamento veio e Jerusalém foi destruída.

Oseias nos relata as consequências: "Pois os israelitas viverão muitos dias sem rei e sem líder, sem sacrifício e sem colunas sagradas, sem colete sacerdotal e sem ídolos da família" (Os 3.4). Em outras palavras, como não há um rei em Israel, as nações estão em tumulto e nenhum rei viverá até que Jesus retorne para reinar. *Vivemos hoje no livro de Juízes!* "Naquela época não havia rei em Israel; cada um fazia o que lhe parecia certo" (Jz 17.6; veja também 18.1; 19.1; 21.25). Durante os dias dos juízes, Deus levantava líderes efetivos aqui e acolá, concedendo-lhes vitórias, mas Israel não era unida no serviço ao Senhor e na obediência à sua vontade.

Quando o Messias de Israel retornar e os judeus o virem e confiarem nele, eles prantearão e se arrependerão, e uma fonte será aberta para purificá-los de seus pecados (Zc 13.1). "O SENHOR será rei de toda a terra" (Zc 14.9). Quanto mais os líderes das nações se opuserem uns aos outros e rejeitarem a Cristo, menos paz haverá no mundo. Quando o Príncipe da Paz se assentar no trono, então haverá paz na terra.

"Orem pela paz de Jerusalém" (Sl 122.6).

CORAÇÕES ARREPENDIDOS

A parábola de nosso Senhor sobre o filho pródigo (Lc 15.11-32) descreve a condição espiritual de todos aqueles que deram as costas a Deus e estão desperdiçando a sua vida em busca da autossatisfação.[3] Lucas 15.24 nos conta que o rapaz estava perdido e morto, e o versículo 17 revela que ele não percebia a própria situação, pois havia "caído em si." Foi essa ignorância sobre si mesmo e sobre o que era a vida que o levou a cometer tantas tolices.

Ao invejar a situação dos porcos e analisar a própria, o rapaz percebeu que, no fim das contas, a casa de seu pai era o melhor lugar para ele viver, e que seu pai era um homem gentil e generoso. "A seguir, levantou-se e foi para seu pai" (Lc 15.20).

Jesus afirmou: "Ninguém vem ao Pai, a não ser por mim" (Jo 14.6). Toda e qualquer deficiência espiritual que os pecadores possuem é lidada e superada quando eles chegam ao Pai por meio da fé em Jesus Cristo.

Os pecadores estão perdidos, mas Jesus é o caminho para a casa do Pai. Os pecadores são ignorantes, porém Cristo é a verdade sobre o Pai.

Os pecadores estão espiritualmente mortos, todavia, o Senhor Jesus é a vida e compartilha essa vida com os que se arrependem e confiam nele.

O rapaz reconheceu que a sua vida estava uma bagunça e que tudo aquilo era por sua culpa, mas não foi isso que o motivou a retornar à sua casa. "Quantos empregados de meu pai têm comida de sobra, e eu aqui, morrendo de fome!" (Lc 15.17). Não foi por causa da maldade do pecador, mas a bondade do pai é que o levou de volta para casa. Paulo tinha isso em mente ao escrever: "Ou será que você despreza as riquezas da sua bondade, tolerância e paciência, não reconhecendo que a bondade de Deus o leva ao arrependimento?" (Rm 2.4).

Quando o rapaz estava próximo de sua casa, seu pai o viu e correu ao encontro do filho, abraçou-o e o levou de volta para casa. O rapaz tomou banho, retirando as manchas e cheiros do país distante, e lhe foram dadas ricas roupas, bem como sapatos e um anel. O passado foi perdoado e esquecido, e um novo recomeço lhe foi concedido.

E o mesmo pode ocorrer aos pecadores hoje.

9

A videira verdadeira

"Eu sou a videira verdadeira, e meu Pai é o agricultor. Todo ramo que, estando em mim, não dá fruto, ele corta; e todo que dá fruto ele poda, para que dê mais fruto ainda. Vocês já estão limpos, pela palavra que tenho falado. Permaneçam em mim, e eu permanecerei em vocês. Nenhum ramo pode dar fruto por si mesmo se não permanecer na videira. Vocês também não podem dar fruto se não permanecerem em mim. Eu sou a videira; vocês são os ramos. Se alguém permanecer em mim e eu nele, esse dará muito fruto; pois sem mim vocês não podem fazer coisa alguma. Se alguém não permanecer em mim, será como o ramo que é jogado fora e seca. Tais ramos são apanhados, lançados ao fogo e queimados. Se vocês permanecerem em mim, e as minhas palavras permanecerem em vocês, pedirão o que quiserem, e será concedido. Meu Pai é glorificado pelo fato de vocês darem muito fruto; e assim serão meus discípulos."

Jo 15.1-8

Do Egito trouxeste uma videira; expulsaste as nações e a plantaste. Limpaste o terreno, ela lançou raízes e encheu a terra. Os montes foram cobertos pela sua sombra, e os mais altos cedros, pelos seus ramos. Seus ramos se estenderam até o Mar, e os seus brotos, até o Rio. Por que derrubaste as suas cercas, permitindo que todos os que passam apanhem as suas uvas? Javalis da floresta a devastam e as criaturas do campo dela se alimentam [...] Tua videira foi derrubada; como lixo foi consumida pelo fogo. Pela tua repreensão perece o teu povo!

Sl 80.8-13, 16

Cantarei para o meu amigo o seu cântico a respeito de sua vinha: Meu amigo tinha uma vinha na encosta de uma fértil colina. Ele cavou a terra, tirou as pedras e plantou as melhores videiras. Construiu uma torre de sentinela e também fez um tanque de prensar uvas. Ele esperava que desse uvas boas, mas só deu uvas azedas... Pois bem, a vinha do SENHOR dos Exércitos é a nação de Israel, e os homens de Judá são a plantação que ele amava. Ele esperava justiça, mas houve derramamento de sangue; esperava retidão, mas ouviu gritos de aflição.

Is 5.1-2, 7

João 15.1-8 constitui a sétima e derradeira dentre as declarações EU SOU registradas no evangelho de João. As primeiras quatro foram proferidas publicamente às multidões, a quinta privadamente a Marta e as duas últimas reservadamente aos discípulos em seu discurso de despedida. Usando a metáfora da videira, Jesus explicou como eles poderiam servi--lo, em sua ausência, e produzir fruto para sua glória. Assim como um mergulhador de águas profundas sobrevive debaixo do mar, respirando o oxigênio que lhe é enviado de cima para baixo, igualmente o povo de Deus cresce e serve na terra porque dispõem de uma viva conexão com Jesus Cristo no céu e permanecem com ele.

Jesus deixa claro que, sem ele, os discípulos nada podiam fazer (Jo 15.5). Note que o Senhor não afirmou que eles seriam incapacitados ou inaptos, mas que seriam impotentes, incapazes de servi-lo efetivamente. O que poderia parecer um serviço espiritual seria apenas "madeira, feno ou palha" (1Co 3.12), sendo queimado no tribunal de Cristo. "Pois dele, por ele e para ele são todas as coisas. A ele seja a glória para sempre! Amém" (Rm 11.36). Se o nosso esforço não começar com Cristo, não for sustentado por Jesus nem terminar nele para a sua glória, não perdurará.

Nos dias do Novo Testamento, os judeus eram basicamente agricultores e, portanto, familiarizados com o cultivo de vinhedos e a produção de vinho. Pelo fato de a água ser um precioso artigo no antigo Oriente Próximo, o vinho constituía uma necessidade, e não um luxo. Com frequência, os profetas utilizaram o conceito de barris transbordantes de vinho como uma descrição da bênção de Deus (Jl 3.18; Am 9.13; Ec 9.7) e a escassez de vinho como evidência da disciplina divina (Dt 28.39, 51; Jl 1.10). Os profetas também usaram o tanque de prensar uvas ou lagar como um símbolo do julgamento (Lm 1.15; Joel 3.11-13).

Nas Escrituras, o vinho pode simbolizar não apenas Jesus Cristo como também a nação de Israel (Sl 80.9-16; Is 5; 27; Jr 2.21; 12.10-11; Ez 15; 17; 19.10-14; Os 10.1-2) e, ainda, a apóstata civilização gentílica na terra, antes do retorno de Jesus – "videira da terra" (Ap 14.14-20). No livro de Apocalipse, os seguidores do anticristo são chamados de "os que habitam na terra" ou "os habitantes da terra" (veja Ap 3.10; 6.10; 8.13; 11.10, 18; 13.12, 14; 14.6). Os cristãos são cidadãos do céu, em que pese a viverem e servirem na terra (Fp 3.18-21), a sua afeição e atenção estão voltadas para o alto (Cl 3.1-4).

Assim como Jesus é "o pão do céu" (Jo 6.32), igualmente ele é "a videira verdadeira", o que significa que ele é o original e que todos os outros pães e videiras são somente cópias. Essa declaração EU SOU, em João 15, encerra uma rica verdade espiritual, porém quero primariamente focar nas verdades práticas que podem nos ajudar a ser cristãos frutíferos e servos jubilosos.

O VIVER VERDADEIRO PROVÉM DO FRUTO PRODUZIDO PARA CRISTO

De acordo com Ezequiel 15, os ramos de uma videira são bons para duas coisas apenas: fruto ou combustível, frutificar ou queimar. Não é possível fabricar o fruto porque ele resulta da vida e produz sementes para dar ainda mais fruto. Como ramos na videira, podemos nos alimentar da vida de Cristo e produzir fruto para a sua glória. Se não estamos frutificando, não estamos cumprindo o nosso propósito na terra, significando que não estamos, de fato, vivendo. Estamos desperdiçando a nossa vida, ou apenas consumindo-a, em vez de investi-la em coisas eternas. Os cristãos têm a vida eterna porque creram em Jesus, porém pode lhes faltar a "vida plena" que ele veio nos dar (veja Jo 10.10). Tais pessoas estão espiritualmente vivas, porém longe de estarem saudáveis. *Produzir fruto é o "aluguel" que pagamos pelo privilégio de viver e servir a Deus neste mundo.* Essa não é apenas a nossa obrigação como discípulos de Jesus Cristo, mas também é a nossa oportunidade como seus servos de glorificá-lo e alcançar outras pessoas.

Tal como a árvore, retratada no Salmo 1.3, os ramos da videira não produzem fruto para alimentarem a si mesmos, mas para alimentar outros. E nesse alimentar outros é que encontramos a nossa alegria. Jesus afirmou: "A minha comida é fazer a vontade daquele que me enviou e concluir a sua obra" (Jo 4.34). Fazer a vontade de Deus não é punição, mas realização e nutrição.

O que é esse "fruto" que Jesus espera que produzamos a fim de glorificá-lo e experimentarmos vida plena? Primeiramente, isso representa as pessoas que ajudamos na condução a Cristo e no amadurecimento da fé (Rm 1.13). O crescimento na santidade pessoal é outro fruto que colhemos (Rm 6.22). Em Gálatas 5.22-24, Paulo lista esse "fruto do Espírito": "amor, alegria, paz, paciência, amabilidade, bondade, fidelidade, mansidão e domínio próprio." A doação alegre e generosa é fruto, assim como a oferta recolhida por Paulo junto às igrejas gentias para auxiliar os cristãos em Jerusalém (Rm 15.25-28). Colossenses 1.10 menciona "frutificando em toda boa obra" (veja também Mt 5.13-16), e Hebreus 13.15 nos informa que o louvor e a nossa adoração são fruto de lábios que resultam da semente da Palavra plantada em nosso coração.

Uma vez que o fruto possui em si as sementes para dar mais fruto, Jesus diz que devemos produzir "mais fruto ainda" (veja Jo 15.2, 5). A colheita que Deus nos concede depende dos dons espirituais que recebemos dele e de nossa fidelidade em desenvolver tais dons, usando-os sempre que o Senhor abrir oportunidades de serviço para nós. Se formos fiéis no uso dos poucos dons e oportunidades que temos, o Mestre nos recompensará com muito mais (Mt 25.21). Isso tem provado ser verdadeiro com cada servo nas Escrituras, especialmente José, Moisés, Josué, Davi, Daniel e Timóteo.

A FRUTIFICAÇÃO É O RESULTADO DA PERMANÊNCIA EM CRISTO

A comunhão com Cristo começa na união com ele. Não podemos ter comunhão sem que antes tenhamos confiado em Jesus, sem que ele seja o nosso Salvador e estejamos nele (2Co 5.17). Como ramos na videira, todos os que creem possuem uma união viva com o seu Senhor e, à medida que cultivam a comunhão com ele, são capacitados a produzir fruto. É lamentável que a palavra *resultados* tenha entrado no vocabulário cristão ("Quais foram os resultados da reunião de ontem à noite"), porque máquinas inanimadas podem produzir resultados, e da mesma forma que pessoas religiosas mortas espiritualmente. O fruto é vivo e resulta de nossa comunhão viva com Cristo, como consequência de seu poder operando em nós e por nosso intermédio.

Contudo, essa frutificação requer um compromisso disciplinado em tempo e esforços, assim como um solo fértil, sol e chuva e cultivo especializado. Estamos enraizados em Cristo (Cl 2.7) e em amor (Ef 3.17), para que o "solo" seja perfeito. O Pai é o agricultor. Ele e o Filho trabalham juntos, capacitando-nos a produzir fruto, assim como o Filho e o Pai trabalharam juntos quando nosso Senhor esteve ministrando aqui neste mundo (Jo 5.19, 36). Ramos infrutíferos provam que não possuem uma conexão viva com a videira e, assim, devem ser cortados. Ao contrário, os ramos frutíferos devem ser podados para que produzam mais e melhor fruto (Jo 15.1-2). Note que, quando os vinhateiros realizam a poda nos ramos frutíferos, eles cortam a madeira *viva*, não morta, para que o ramo venha a produzir uvas de melhor qualidade. Ele deve saber qual galho deve ser cortado, bem como quanto e que ângulo deve ter o corte. Demora cerca de três anos para um podador ser treinado e aprovado.

Ao ler as Escrituras, observe como o Pai teve que podar boas coisas de alguns de seus servos para que seus respectivos ministérios fossem mais frutíferos e rendessem mais glória ao Senhor. Abraão foi obrigado a deixar a sua cidade e seus familiares, e até mesmo precisou oferecer o seu filho, Isaque, ao Senhor para que se tornasse frutífero. Jacó, com frequência, teve de deixar de lado os seus próprios planos para que pudesse construir a família que iria nos dar a nação de Israel. É possível ver este mesmo processo amoroso na vida de José, Davi e Pedro, bem como ao longo da história da igreja, na vida de homens e mulheres que muito realizaram para a glória de Deus.

Em João 15, a palavra grega *meno* é utilizada cerca de onze vezes, e a Nova Versão Internacional traduz como "permanecer." Outras versões usam "estar", "habitar", "viver" e "morar." Esta é a minha primeira escolha. O Léxico do Novo Testamento Grego/Português, Gingrich e Danker, afirma que *meno* significa "uma comunhão pessoal interna duradoura", e isso para mim é "residir." Nossa *união* com Cristo depende totalmente dele, porque ele vive sempre para interceder por nós (Hb 7.25), mas nossa *comunhão* com ele depende da fidelidade de nosso relacionamento com ele à medida que confiamos e obedecemos.

O casamento é uma boa ilustração do que significa "permanecer." Quando a cerimônia matrimonial se encerra, os papéis oficiais são assinados e o casal consuma o casamento, uma viva união é formada, com os dois tornando-se uma só carne (Gn 2.23-24). Porém, a comunhão não é assegurada pela união. A comunhão é algo que o casal deve desenvolver e manter entre eles. Se marido e esposa não oram juntos, não conversam um com o outro, não compartilham seus sentimentos, esperanças e desapontamentos, tampouco amam e servem de modo sacrificial um ao outro, a vida conjugal deles se transforma em rotina ou mesmo em guerra, e a alegria se vai pouco a pouco. A união é a fundação; comunhão é o edifício sobre a fundação, e isso demanda afeição, atenção, sacrifício e serviço.

O fato de eu estar em comunhão com Jesus Cristo e ser um membro de seu corpo deveria motivar-me a desejar estar em comunhão com ele e desfrutar dela por meio da adoração, da oração, da meditação na Palavra e do serviço aos outros. Jesus disse aos seus discípulos: "Já não os chamo servos, porque o servo não sabe o que o seu senhor faz. Em vez disso, eu os tenho chamado amigos, porque tudo o que ouvi de meu Pai eu tornei conhecido a vocês" (Jo 15.15). O termo no original grego, traduzido como "amigos", significa "amigos na corte, amigos do rei." Que posição privilegiada!

Nós nos encontramos com o Senhor diariamente e temos comunhão com ele? Durante o dia, expressamos a nossa gratidão por seu auxílio e bênção? Confiamos nele para nos assistir em nosso trabalho? Confessamos os nossos pecados imediatamente e mantemos o relacionamento saudável? Envolvemos Jesus nas decisões que tomamos e nos relacionamentos e tarefas que nos desafiam? Isso é o que significa ter comunhão com Cristo, habitar nele.

Quais são algumas das evidências de que estamos permanecendo em Cristo? O fato de estarmos produzindo fruto é uma delas. Embora nem sempre saibamos a extensão da colheita, podemos ver que o nosso fruto perdura. O pregador escocês George Morrison escreveu: "O Senhor raramente permite que os seus servos vejam todo o bem que estão fazendo." Outra evidência é que o Pai nos poda, cortando coisas boas que estão nos impedindo de frutificar mais e melhor.

Pelo fato de sermos apenas ramos, repetidamente sentimos as nossas fraquezas e elevamos os nossos olhos ao Senhor em busca de auxílio e socorro. João 15.7 assegura que nossas orações serão respondidas. Ao permanecermos em Cristo, experimentamos o amor de Deus (vv. 9, 12-13), a alegria divina (v. 11), bem como o ódio e a oposição do mundo (vv. 18-19). Podemos não perceber isso, mas enquanto permanecemos em Cristo, outros verão que estamos nos tornando mais parecidos com o Senhor Jesus.

A evidência da verdadeira salvação em Cristo e comunhão com ele é a frutificação. Judas foi chamado por Cristo, viveu com ele, enquanto o Senhor ministrava de um lugar a outro, e fingiu ser um homem convertido. No entanto, Judas não estava enxertado na videira, que é Cristo (Jo 6.60-71). Por consequência, ele foi cortado e lançado fora. "Eles saíram do nosso meio, mas na realidade não eram dos nossos, pois, se fossem dos nossos, teriam permanecido conosco; o fato de terem saído mostra que nenhum deles era dos nossos" (1Jo 2.19).

Nem a saúde nem a idade deveriam nos impedir de permanecer em Cristo e produzir fruto para a sua glória. "Por isso não desanimamos. Embora exteriormente estejamos a desgastar-nos, interiormente estamos sendo renovados dia após dia" (2Co 4.16). À medida que minha esposa e eu passamos pelo processo de envelhecimento, o Senhor está nos ensinando a deixar alguns ministérios de lado (poda) a fim de manter a nossa concentração em outros, e estamos descobrindo que é possível experimentar o que diz o Salmo 92.14: "Mesmo na velhice darão fruto, permanecerão viçosos e verdejantes."

PERMANÊNCIA EM JESUS É O RESULTADO DA OBEDIÊNCIA A CRISTO

Quer seja praticar esportes ou pilotar um avião, toda disciplina na vida possui leis que devem ser obedecidas se quisermos ser bem-sucedidos. Lembro-me do trecho de uma poesia que um professor de química costumava citar aos seus alunos do primeiro ano:

> Ó derrame uma lágrima por Jimmy Brown, pois, de fato,
> Jimmy não vive mais.
> Pois ele pensou que H_2O era H_2SO_4.[1]

Se você quer ser bem-sucedido como médico ou farmacêutico, deve aprender as propriedades de vários elementos envolvidos na composição da medicina, tendo o cuidado de combinar apenas os elementos que são amistosos uns com os outros. Senão, poderá acabar se unindo a Jimmy Brown. Ambos, aspirina e arsênico, começam com a letra A, porém eles possuem propriedades diferentes. Um piloto de avião não ousa violar os princípios aeronáuticos básicos, tampouco um atleta vencedor ousa transgredir as regras oficiais de treinamento e as ordens de seu treinador. Pela obediência às leis fundamentais descobertas pela ciência ou que governantes têm decretado é que alcançamos um padrão de vida melhor e um ambiente geralmente seguro. Quando respeitamos essas leis, somos capazes de usar o poder e a liberdade que sempre acompanham a obediência.

Contudo, há também leis que governam a nossa vida moral e espiritual de modo que, se as ignorarmos ou desobedecermos, sofreremos e talvez façamos outros sofrerem. Jesus afirmou: "Se vocês obedecerem aos meus mandamentos, permanecerão no meu amor, assim como tenho obedecido aos mandamentos de meu Pai e em seu amor permaneço" (Jo 15.10). Cristo sempre fez o que agradava a seu Pai (Jo 8.29), e, se desejamos permanecer nele, devemos seguir o seu exemplo. Toda a natureza obedece às leis que o Criador estabeleceu sobre o universo, mas quando interferimos nessas leis, as consequências podem ser sérias.

Uma regra básica da vida cristã é que a fé e a obediência abrem as comportas da bênção de Deus. Conforme o texto de Romanos 14.23: "tudo o que não provém da fé é pecado." Não importa quão bem nos sentimos ao fazer algo, a não ser que a fé sustente a nossa decisão, o que fizermos somente acarretará problemas. Abraão imaginou que poderia salvar a sua vida ao refugiar-se no Egito, porém lá ele quase perdeu a sua esposa, bem como a própria vida (Gn 12.10-20). Moisés pensou que matar um homem ajudaria a libertar os judeus do Egito, mas isso apenas o levou ao exílio em Midiã por quarenta anos (Êx 2.11-25). Sansão pensou que poderia lutar as batalhas do Senhor durante o dia e desfrutar dos prazeres do pecado à noite, porém o pensamento de Deus era diferente, e aquele forte homem debilitou a si mesmo e ao seu ministério.

A desobediência aos seus mandamentos interrompe a nossa comunhão com Cristo e, assim, perdemos o poder de fazer a vontade divina. Quando isso ocorre, de imediato, devemos confessar os nossos pecados ao Senhor (1Jo 1.9) e deixar que ele nos purifique e nos cure. Tentar viver para Cristo sem caminhar com ele, no Espírito, é futilidade. Lembre-se do que ele disse: "sem mim vocês não podem fazer coisa alguma" (Jo 15.5). Isso se aplica não apenas ao nosso serviço para Cristo, como também às tarefas cotidianas da vida. *Nada dá certo quando o nosso coração está errado.* Jonas estava tão convicto de que tudo estava bem que desceu ao porão do navio e caiu em sono profundo (Jn 1). No entanto, ele começou a colher as consequências de sua rebeldia. A falsa paz e a enganosa confiança que acompanham a desobediência voluntária não perduram por muito tempo.

A OBEDIÊNCIA A CRISTO RESULTA DO AMOR A CRISTO

A palavra *obedecer* irrita algumas pessoas, talvez devido a uma severa disciplina na infância ou, quem sabe, a uma restrição nas forças armadas ou, ainda, à rebelião natural do coração humano. Às vezes, obedecemos porque assim devemos agir, e não há nada errado quanto a isso. Colocar de lado os nossos próprios planos e aprender a obedecer constitui uma das tarefas essenciais da infância e da juventude. Em outras, obedecemos porque temos uma recompensa em vista ("Se eu cortar a grama, meu pai me deixará usar o carro no sábado"). Porém, a melhor maneira de obedecer é porque esse é o nosso querer, porque somos motivados pelo amor e não pelo medo ou ganância. "Se vocês me amam, obedecerão aos meus mandamentos" (Jo 14.15). "Se alguém me ama, obedecerá à minha palavra" (v. 23).

Não aumentamos o amor e a bênção de Deus por nós mais do que os filhos ganham o amor e o cuidado de seus pais, porém a amorosa obediência edifica o caráter e traz alegria ao coração do pai e da mãe. Isso significa seguir o exemplo de nosso Mestre. "Como o Pai me amou, assim eu os amei; permaneçam no meu amor", disse Jesus. "Se vocês obedecerem aos meus mandamentos, permanecerão no meu amor, assim como tenho obedecido aos mandamentos de meu Pai e em seu amor permaneço" (Jo 15.9-10). No versículo seguinte, o Senhor Jesus nos dá outro motivo para obedecer: "Tenho dito estas palavras para que a minha alegria esteja em vocês e a alegria de vocês seja completa."

"Mas, se alguém obedece à sua palavra, nele verdadeiramente o amor de Deus está aperfeiçoado" (1Jo 2.5). Quando há amor maduro em nosso coração, o peso de nossos fardos é removido, capacitando-nos a fazer o que é preciso, independentemente do que sentimos ou do preço a ser pago. "Assim sabemos que amamos os filhos de Deus: amando a Deus e obedecendo aos seus mandamentos. Porque nisto consiste o amor a Deus: obedecer aos seus mandamentos. E os seus mandamentos não são pesados" (1Jo 5.2-3).

Paulo nos diz em Romanos 13.8 que "aquele que ama seu próximo tem cumprido a lei." Nossas cidades possuem leis demandando que os pais cuidem de seus filhos, mas duvido que muitos pais e mães cuidam de seus filhos apenas porque não querem ser presos. Cuidar da família é algo custoso e difícil, mas nós o fazemos porque amamos os nossos filhos e desejamos o melhor para eles. O amor cristão não é corações e flores, nem sentimentos transitórios. Constitui um ato de vontade tratar os outros como o Senhor nos trata. "Mas o fruto do Espírito é amor" (Gl 5.22).

AMAR A CRISTO NOS LEVA A CONHECER MELHOR JESUS

"A familiaridade gera o desprezo", afirma um antigo adágio, porém isso não é necessariamente verdadeiro. O famoso pregador americano Phillips Brooks afirmou que a familiaridade gera o desprezo "somente com coisas desprezíveis e pessoas desprezíveis", e ele estava certo. Minha esposa e eu estamos casados desde 1953 e conhecemos um ao outro muito bem, mas não depreciamos um ao outro, porque o nosso relacionamento é baseado no amor. Com frequência, ao dirigir na estrada ao lado dela, temos nossos períodos de silêncio para, então, ambos, quebrá-lo, dizendo a mesma coisa ao mesmo tempo. Mais familiarizados que isso é impossível!

Não me lembro de ter solicitado, porém, há alguns anos, recebi uma biografia de Adolf Hitler de um clube do livro do qual eu era membro e, uma vez que já tinha pagado pela obra, decidi lê-la. Não consegui. Tentei, porém desisti. Quanto mais eu lia, mais aumentava a minha aversão por ele, de modo que jamais consegui terminar a leitura daquele livro. De fato, foi uma experiência em que a familiaridade gerou o desprezo. No entanto, isso jamais seria verdadeiro com respeito a cristãos lendo a Bíblia e conhecendo melhor Cristo, porque quanto mais o conhecemos, tanto mais o amamos.

A vida cristã principia com o nosso conhecimento e a nossa confiança em Jesus. Cristo disse ao seu Pai: "Esta é a vida eterna: que te conheçam, o único Deus verdadeiro, e a Jesus Cristo, a quem enviaste" (Jo 17.3). Porém, à medida que crescemos "na graça e no conhecimento de nosso Senhor e Salvador Jesus Cristo" (2Pe 3.18), nosso amor por ele aumenta cada vez mais. Quer seja nos dias difíceis da vida, quer seja nos bons, nós nos descobrimos aprendendo mais sobre ele, em louvor, gratidão e *obediência a ele*.

Todos nós conhecemos pessoas da igreja que sabem mais a respeito de atletas e artistas populares do que sobre Jesus, a quem afirmam ser o Salvador delas. Contudo, é preciso aprender mais sobre Cristo, porque quanto mais o conhecermos, tanto mais o amaremos. Cada doutrina da Bíblia possui Jesus Cristo em seu âmago. Cada aspecto da vida cristã envolve Jesus, seja na vitória sobre o pecado, na oração, na contribuição ou no testemunho. Uma das razões pelas quais alguns cristãos não conseguem testemunhar com eficácia é que eles não crescem no conhecimento do Filho de Deus.

A beleza de crescer no conhecimento do Senhor é que o Espírito Santo aproveita esse conhecimento, utilizando-o para nos tornar mais parecidos com Jesus. O alvo de nossa salvação é a semelhança com Cristo, não apenas o conhecimento bíblico. O Pai ordenou que devemos ser "conformes à imagem de seu Filho" (Rm 8.29), e o Espírito Santo utiliza a Palavra de Deus para efetuar esse glorioso milagre (2Co 3.18). "Estou me tornando mais parecido com Jesus?", é a principal pergunta que devemos nos fazer ao examinarmos a nossa vida diante do Senhor.

PERMANEÇA EM UNÍSSONO

"Portanto, o que Deus uniu, ninguém o separe" (Mc 10.9). Nessa passagem, nosso Senhor estava falando sobre o casamento, porém a ordem também se aplica a outras áreas da vida.

Deus tem reunido vida abundante e frutificação. Não podemos ser cristãos alegres e satisfeitos se não produzirmos fruto. Porém, o Altíssimo igualmente uniu a frutificação à permanência em Cristo. Não conseguimos fabricar fruto espiritual; ele deve fluir de nossa comunhão com o Salvador. Contudo, a permanência em Jesus deve estar unida à obediência, pois a desobediência à sua Palavra prejudicará a nossa comunhão com ele e dificultará a sua bênção para nós. Obedecer deve estar vinculado ao amor a Cristo, caso contrário, o cumprimento de sua vontade torna-se uma punição, pois quanto mais o conhecermos, mais o amaremos.

Expressando de outra forma, quanto mais o conhecermos, mais o amaremos. Quanto mais o amarmos e quanto mais lhe obedecermos, tanto mais permaneceremos nele. Quanto mais permanecermos nele, mais frutos produziremos e quanto mais frutos produzirmos, tanto mais experimentaremos abundância e plenitude de vida. É como uma reação em cadeia espiritual, que principia com a nossa decisão de investir tempo de qualidade em nossa relação com o Senhor a cada dia.

10

O negligenciado EU SOU

Mas eu sou verme, e não homem, motivo de zombaria e objeto de desprezo do povo.

Salmo 22.6

Ele não tinha qualquer beleza ou majestade que nos atraísse, nada havia em sua aparência para que o desejássemos. Foi desprezado e rejeitado pelos homens, um homem de dores e experimentado no sofrimento.

Isaías 53.2-3

Assim como houve muitos que ficaram pasmados diante dele; sua aparência estava tão desfigurada, que ele se tornou irreconhecível como homem; não parecia um ser humano.

Isaías 52.14

Como pode então o homem ser justo diante de Deus? Como pode ser puro quem nasce de mulher? Se nem a lua é brilhante e as estrelas são puras aos olhos dele, muito menos o será o homem, que não passa de larva, o filho do homem, que não passa de verme!

Jó 25.4-6

Mas esvaziou-se a si mesmo, vindo a ser servo, tornando-se semelhante aos homens. E, sendo encontrado em forma humana, humilhou-se a si mesmo e foi obediente até à morte, e morte de cruz! Por isso Deus o exaltou à mais alta posição e lhe deu o nome que está acima de todo nome, para que ao nome de Jesus se dobre todo joelho, nos céus, na terra e debaixo da terra, e toda língua confesse que Jesus Cristo é o Senhor, para a glória de Deus Pai.

Filipenses 2.7-11

O Salmo 22 é um salmo messiânico que descreve Jesus em seu sofrimento (vv. 1-21) e sua gloriosa ressurreição (vv. 22-31). É significativo que essa vívida descrição da crucificação esteja presente em um salmo judaico, porque os judeus não utilizavam essa forma de punição capital, sendo, portanto, improvável que Davi sequer tivesse visto uma crucificação. Jesus citou o versículo inicial (Mt 27.46), e o dia e a noite, descritos no segundo versículo, conectam-se com Lucas 23.44-45. Os soldados que tiraram sorte ao pé da cruz (v. 18) são mencionados em Mateus 27.35.

Alguns estudiosos acreditam que, após ter exclamado as palavras do Salmo 22.1, Jesus citou todo o salmo durante as suas três derradeiras horas na cruz, ainda que a sua voz não fosse ouvida pelos espectadores. Se isso ocorreu, então significa que ele citou o versículo 6! Caso você e eu fôssemos espectadores e tivéssemos ouvido Jesus, qual deveria ser a nossa reação ao que ele disse?

Permita-me compartilhar minhas respostas a esse negligenciado EU SOU, após ter meditado nisso por anos.

PERPLEXIDADE

Até este ponto, as declarações EU SOU que temos considerado carregam alguma dignidade. Não há nada desonroso com respeito ao pão ou à luz, ovelhas ou apriscos, ressurreição ou vida, verdade ou videiras, porém vermes são coisas bem diferentes. Com exceção dos helmintologistas profissionais, poucas pessoas encontram motivos para admirar os vermes. Eles são habitantes sujos, desprezados e, em geral, pisoteados. Considerando que Jesus é quem está falando, a declaração é surpreendente.

Ao descrever-se em seu sofrimento, Jó disse que a corrupção era o seu pai, e o verme era a sua mãe ou irmã (Jó 17.14), e que seu corpo estava "coberto de vermes" (7.5). O amigo de Jó, Bildade, afirmou que os humanos não passavam de larvas e vermes (25.6). O profeta Isaías assim descreveu o julgamento dos perversos: "o verme destes não morrerá, e o seu fogo não se apagará" (Is 66.24). Por ser um soberano orgulhoso e cruel, Herodes "morreu comido por vermes", um fim ignóbil para um rei (At 12.21-24).

Originalmente, a declaração "Eu sou verme" foi feita por Davi, porém ele era um profeta e estava escrevendo sobre Jesus (veja At 2.30). O Salmo 22 fala a respeito de Jesus, o Filho de Deus, e ele está chamando a si mesmo de verme! Hebreus 7.26 o descreve como "santo, inculpável, puro, separado dos pecadores, exaltado acima dos céus", não obstante, Jesus se autodenomina um verme. Outros expressaram sua autorreprovação, porém nenhum deles era inculpável ou exaltado como Jesus. Jó disse ao Senhor: "Sou indigno; como posso responder-te? Ponho a mão sobre a minha boca [...] Por isso menosprezo a mim mesmo e me arrependo no pó e na cinza" (Jó 40.4; 42.6). Paulo chamou a si mesmo de o pior dos pecadores (1Tm 1.15), "o menor dos apóstolos" (1Co 15.9), bem como de "o menor dos menores dentre todos os santos" (Ef 3.8). *Porém, o Filho de Deus chamou a si mesmo de verme!*

A afirmação soa ainda mais espantosa quando lembramos que Jesus estava falando com o seu Pai celestial, a quem obedeceu durante todos os anos de seu ministério terreno. Foi o Pai que disse a seu respeito: "Este é o meu Filho amado, de quem me agrado" (Mt 3.17). Contudo, ao considerarmos em que situação ele proferiu essas palavras, elas se tornam ainda mais inacreditáveis. *Jesus proferiu essas palavras durante a realização de sua maior obra, quando estava morrendo na cruz pelos pecados do mundo!* Ao cometer algum pecado egoísta e abominável, qualquer um poderia declarar "Eu sou um verme", mas, certamente, não alguém que está realizando a mais grandiosa obra jamais feita na terra e experimentando o maior sofrimento de todos.

ADORAÇÃO

Contemplar a profundidade da humilhação de nosso Senhor deveria nos mover à adoração e ao culto. Em sua encarnação, Jesus tornou-se humano e servo; em sua crucificação, ele se tornou um "verme, e não homem" (Sl 22.6). Estudiosos do Novo Testamento denominam o primeiro ano do ministério público de nosso Senhor como "o ano da popularidade", devido ao fato de grandes multidões o buscarem e a oposição ainda não ter começado. No entanto, ao terceiro ano de ministério, Jesus era alvo da inveja e do ódio dos líderes religiosos que planejavam matá-lo. Nenhum funcionário do sistema penal americano atual ousaria tratar o pior criminoso no bloco prisional da maneira como Jesus foi tratado.

Socialmente, nosso Senhor tornou-se um "verme, e não homem." Ele foi chamado de comilão e beberrão (Lc 7.34) e até mesmo de endemoninhado (Jo 8.48). Outro salmo messiânico diz: "Os que se ajuntam na praça falam de mim, e sou a canção dos bêbados" (Sl 69.12). Quando deveriam estar obedecendo a Cristo, as pessoas estavam se divertindo à custa dele. Com o aumento da oposição e a proximidade de sua morte, por vezes, Jesus deixou Jerusalém e a Judeia, dirigindo-se a lugares isolados para orar e ensinar aos seus discípulos. Porém, os oficiais da nação já o tinham classificado como o mais inferior dentre os inferiores, "amigo de publicanos e 'pecadores'" (Lc 7.34).

No tocante a lei, Cristo foi tratado como "verme, e não homem." Sua prisão foi ilegal, assim como o seu julgamento. Os líderes religiosos pagaram falsas testemunhas para que testemunhassem contra ele, e, em que pese às contradições entre elas, os juízes aceitaram os seus testemunhos. Eles consideraram Jesus culpado mesmo antes de o julgamento começar.

Ele foi tratado como um "verme, e não homem" quanto ao seu corpo físico, pois foi chicoteado e espancado como se fosse um animal.

O que você faz a um verme? Pisa nele e o esmaga. O tratamento brutal dado pelos soldados foi desnecessário e desumano. Contudo, o Salmo 22 utiliza animais para retratar os soldados e os oficiais, não o Salvador. "Muitos touros me cercam, sim, rodeiam-me os poderosos de Basã. Como leão voraz rugindo escancaram a boca contra mim" (vv. 12-13). "Cães me rodearam! Um bando de homens maus me cercou! Perfuraram minhas mãos e meus pés" (v. 16). "Livra-me da espada, livra a minha vida do ataque dos cães. Salva-me da boca dos leões, e dos chifres dos bois selvagens" (vv. 20-21).

O versículo inicial do Salmo 22, porém, nos fornece a mais dolorosa razão pela qual Jesus chamou a si mesmo de um "verme, e não homem": "Meu Deus! Meu Deus! Por que me abandonaste?" (veja também Mt 27.46). Muitas pessoas abandonam o Altíssimo, porém Deus a ninguém abandona, pois se assim fizesse, as pessoas morreriam instantaneamente. "Deus fez isso para que os homens o buscassem e talvez, tateando, pudessem encontrá-lo, embora não esteja longe de cada um de nós", disse Paulo aos filósofos gregos. "Pois nele vivemos, nos movemos e existimos" (At 17.27-28). Caim abandonou Deus, mas o Criador não o abandonou (Gn 4). Repetidas vezes, a nação de Israel rebelou-se contra o Altíssimo, porém o Senhor continuou a amar, disciplinar e chamar o seu povo ao arrependimento. "Eu, o Deus de Israel, não os abandonarei" (Is 41.17).

Por que o Pai abandonou o seu Filho amado? Porque Jesus era o "cordeiro de Deus" sobre o qual o Pai fez cair "a iniquidade de todos nós" (Is 53.6; veja também Jo 1.29). "Deus tornou pecado por nós aquele que não tinha pecado, para que nele nos tornássemos justiça de Deus" (2Co 5.21). Quando Cristo se tornou pecado e a oferta pelo pecado, o Pai deu as costas ao seu próprio Filho, porque os olhos de Deus "são tão puros, que não suportam ver o mal" (Hc 1.13). Cada vez que nos encontramos à mesa do Senhor, somos relembrados de que a punição que deveríamos receber por causa de nossos pecados, Jesus recebeu por todos nós. "Isto é o meu corpo dado em favor de vocês [...] Este cálice é a nova aliança no meu sangue, derramado em favor de vocês" (Lc 22.19-20). Por *você*! Paulo escreveu que o "filho de Deus [...] me amou e se entregou por mim" (Gl 2.20). Por *você*! Por *mim*!

VERGONHA

As Escrituras utilizam inúmeras e diferentes imagens para descrever o pecado e os pecadores – ovelhas perdidas, moedas perdidas, guias cegos, rebeldes, cadáveres, prisioneiros sem esperança e escravos, para mencionar apenas algumas. Porém, se na cruz Jesus tornou-se o que os pecadores realmente são, *então nós somos vermes*!

Isaac Watts escreveu em um hino: "Daria sua divindade o Senhor / Por tal verme assim como eu?" Contudo, alguns editores contemporâneos de hinos substituíram a linha com "verme", usando "por pecadores como eu." Não nos importamos em ser chamados de pecadores, mas o mesmo não ocorre com "vermes." *Mas isso é o que nós somos!* Os editores podem retirar a palavra *verme* do hinário, mas não da Bíblia.

Consideramo-nos grandes e poderosos, mas aos olhos de Deus apenas somos pequenos e débeis. "Na verdade as nações são como a gota que sobra do balde; para ele são como o pó que resta na balança; para ele as ilhas não passam de um grão de areia" (Is 40.15). O Altíssimo não temeu faraó quando Moisés disse ao líder egípcio o que ele devia fazer, tampouco teve medo de Senaqueribe, Herodes ou César. O Criador, com extrema facilidade, a todos eles derrotou. "Mas Deus escolheu o que para o mundo é loucura para envergonhar os sábios e escolheu o que para o mundo é fraqueza para envergonhar o que é forte" (1Co 1.27).

O Criador nos conhece por completo. Nas Escrituras, ele nos diz o que somos, e o melhor a fazer é concordar com ele. No entanto, o que somos em nós mesmos não é importante, mas o que somos em Cristo é o que realmente importa. Deus ainda usa as coisas fracas para triunfar sobre as fortes e para silenciar aqueles que se vangloriam. Não importa quão longe já tenhamos caminhado em nossa jornada de fé, sempre nos será benéfico relembrar o que éramos e o que o Senhor fez por nós. Em Isaías 41, o Senhor encoraja o seu povo, Israel, chamando-os de "meu servo [...] a quem escolhi" (v. 8). Ele promete: "Eu o fortalecerei e o ajudarei; eu o segurarei com a minha mão direita vitoriosa" (v. 10). Porém, bem no meio do capítulo, Deus os chama de "ó verme Jacó, ó pequeno Israel", prometendo tornar a nação em um debulhador novo e cortante, com muitos dentes (vv. 14-15)! Você já viu um verme com dentes, capaz de reduzir colinas a palha?

Agora, não deveríamos nos postar à frente do espelho e suspirar: "Eu sou um verme, eu não sou nada." Sabemos o que somos, mas também sabemos *o que somos em Cristo, pela fé!* Sempre que nos sentirmos envergonhados pelo que realmente somos, devemos nos concentrar no que somos e no que temos em nosso amoroso Salvador. Na vida cristã, há um lugar apropriado para a vergonha e humilhação: "'Deus se opõe aos orgulhosos, mas concede graça aos humildes'. Portanto, humilhem-se debaixo da poderosa mão de Deus, para que ele os exalte no tempo devido" (1Pe 5.5-6).

Perplexidade, adoração e vergonha abrem o caminho para, pelo menos, mais uma resposta.

GRATIDÃO

A maioria dos hinários não inclui o verso do hino de Isaac Watts que mencionei anteriormente, de modo que aqui está:

> Assim, devo esconder minha face que enrubesce
> Enquanto a sua querida cruz aparece,
> Dissolva o meu coração em gratidão,
> E derreta os meus olhos em lágrimas.

Lágrimas sinceras e gratidão constituem duas marcas do cristão espiritual; olhos secos e um coração duro, em geral, pertencem ao cristão nominal ou ao mundano. Uma das coisas mais difíceis de manter na vida espiritual é um coração terno que é compungido o suficiente para chorar e orar, bem como para vigiar e orar.

Nicodemos e José de Arimateia amorosamente envolveram o corpo de Jesus em faixas de linho, juntamente com trinta e quatro quilos de especiarias. Então, eles colocaram o corpo de Jesus em um sepulcro novo, pertencente a José. Porém, três dias depois, as faixas estavam vazias e o corpo de Jesus havia sumido! As alinhadas faixas pareciam um casulo vazio após a metamorfose de uma linda borboleta. Jesus, o "verme", tratado tão impiedosamente, estava agora vivo e trajando um manto de glória! Aleluia!

O Salmo 22.22-31 lida com as palavras pós-ressurreição e o ministério de Jesus, culminando com "e a um povo que ainda não nasceu proclamarão seus feitos de justiça, pois ele agiu poderosamente." Alguns estudiosos comparam a frase "pois ele agiu poderosamente" com o suspiro de Jesus, na cruz, "Está consumado!" (Jo 19.30).

Ao longo dos anos, tenho percebido o que me parece um declínio na gratidão pessoal entre as pessoas, pois imaginamos que merecemos o que os outros fazem por nós, e receio que essa atitude esteja sorrateiramente invadindo a igreja. Tendemos a não dar muita importância às coisas, até que as perdemos! Hoje, existem inúmeros e diferentes dispositivos para as pessoas se comunicarem entre si, porém com que frequência as palavras "muito obrigado" são transmitidas? Igualmente, me pergunto quanto tempo usamos para expressar a nossa gratidão ao Senhor por sua abundante graça e bondade. Digo e repito: estamos considerando como garantidos os dons e as bênçãos que recebemos de Deus e dos outros? Espero que não.

Se este negligenciado EU SOU não faz mais nada por nós, isso deveria melhorar a nossa perspectiva sobre a vida e o serviço cristão. "Pois quem despreza o dia dos humildes começos?", diz o Senhor ao profeta Zacarias (Zc 4.10 – ARA). Todos têm um humilde começo em sua concepção, e como um bebê, um novo estudante na escola, um funcionário em seu primeiro dia no emprego, um marido ou uma esposa. Todos nós experimentamos tempos de falha e frustração quando podemos honestamente dizer "Eu sou um verme", mas precisamos repetir isso *mais vezes* em tempos de sucesso e reconhecimento. Como Davi, devemos orar: "Quem sou eu, ó Soberano SENHOR, e o que é a minha família, para que me trouxesses a este ponto?" (2Sm 7.18).

Jamais tenha receio de fazer um humilde começo para o Senhor. Ele está disposto a se reunir com apenas duas ou três pessoas (Mt 18.20). Jesus iniciou o seu ministério terreno como um bebê em uma manjedoura. Muitos ministérios grandiosos principiaram com uma pequena reunião de oração ou uma modesta oferta. J. Hudson Taylor abriu a conta bancária da Missão para o Interior da China com dez libras esterlinas. Eu costumava lembrar aos meus estudantes pastorais – e ainda lembro a mim mesmo – que não existem pequenas igrejas, tampouco grandes pregadores, mas que servimos a um grande e glorioso Deus.

11

"Eu sou Jesus"
(Atos 9.5; 22.8; 26.15)

Ela dará à luz um filho, e você deverá dar-lhe o nome de Jesus, porque ele salvará o seu povo dos seus pecados.

Mateus 1.21

Quando ouviu que era Jesus de Nazaré, começou a gritar: "Jesus, Filho de Davi, tem misericórdia de mim!"

Marcos 10.47

Por cima de sua cabeça, colocaram por escrito a acusação feita contra ele: ESTE É JESUS, O REI DOS JUDEUS.

Mateus 27.37

Então ele [o ladrão na cruz] disse: "Jesus, lembra-te de mim quando entrares no teu Reino." Jesus lhe respondeu: "Eu lhe garanto: Hoje você estará comigo no paraíso."

Lucas 23.42-43

Deus ressuscitou este Jesus, e todos nós somos testemunhas desse fato. Exaltado à direita de Deus, ele recebeu do Pai o Espírito Santo prometido e derramou o que vocês agora veem e ouvem [...] Portanto, que todo Israel fique certo disto: Este Jesus, a quem vocês crucificaram, Deus o fez Senhor e Cristo.

Atos 2.32-33, 36

Não há salvação em nenhum outro, pois, debaixo do céu não há nenhum outro nome dado aos homens pelo qual devamos ser salvos.

Atos 4.12

Mas Estêvão, cheio do Espírito Santo, levantou os olhos para o céu e viu a glória de Deus, e Jesus de pé, à direita de Deus.

Atos 7.55

Por isso Deus o [Jesus] exaltou à mais alta posição e lhe deu o nome que está acima de todo nome, para que ao nome de Jesus se dobre todo joelho, nos céus, na terra e debaixo da terra, e toda língua confesse que Jesus Cristo é o Senhor, para a glória de Deus Pai.

Filipenses 2.9-11

Aquele que dá testemunho destas coisas diz: "Sim, venho em breve!" Amém. Vem, Senhor Jesus!

Apocalipse 22.20

Estritamente falando, "Eu sou Jesus" não se qualifica como uma declaração EU SOU, porém tenho duas excelentes razões para incluí-la: primeira porque sempre será correto engrandecer Cristo; segunda, no livro de Atos, essa declaração é feita três vezes, e essa repetição sugere importância. Não quero concluir este livro sem apresentar novamente Jesus como nosso Senhor e Salvador, considerando que pode haver pelo menos um leitor que jamais o tenha conhecido pessoalmente e experimentado o novo nascimento.

Antes de você iniciar a leitura deste capítulo, sugiro-lhe que leia primeiramente a passagem de Atos 9.1-31, contendo o relato de Lucas sobre a conversão de Paulo. A seguir, leia os dois relatos pessoais do apóstolo, nos capítulos 22 e 26 de Atos. O primeiro relato de Paulo foi dado diante de uma raivosa multidão no templo de Jerusalém e o segundo como parte de seu testemunho legal diante do rei Agripa II e do governador romano Pórcio Festo. Os fatos básicos são os mesmos em cada narrativa, porém há algumas diferenças que ajudam a trazer à tona algumas verdades especiais. Tenha em mente que Saulo de Tarso converteu-se durante uma viagem de sete dias, de Jerusalém a Damasco, uma distância de cerca de 240 quilômetros.

Este capítulo é desenvolvido em torno de sete estágios no encontro de Paulo, ocorrido na estrada de Damasco, que transformaram o rabino Saulo de Tarso em Paulo, apóstolo de Jesus Cristo aos gentios.

ELE VIU UMA LUZ (ATOS 9.3; 22.6; 26.13)

Lucas escreveu que "de repente brilhou ao seu [Paulo] redor uma luz vinda do céu", e Paulo relatou aos judeus que "de repente uma *forte* luz vinda do céu brilhou ao meu redor."[1] Sua descrição a Festo e Agripa foi "vi uma luz do céu, *mais resplandecente que o sol, brilhando* ao meu redor e ao redor dos que iam comigo." Note a sequência: uma luz, uma forte luz, uma luz mais resplandecente que o sol. Isso me faz lembrar o texto de Provérbios 4.18: "A vereda do justo é como a luz da alvorada, que brilha cada vez mais até à plena claridade do dia."

A luz era uma importante metáfora para Paulo.[2] De modo pessoal, ele pegou o texto de Isaías 42.6-7 e o tornou versículos-chave em sua vida. "Eu, o SENHOR, o chamei para justiça; segurarei firme a sua mão. Eu o guardarei e farei de você um mediador para o povo e uma luz para os gentios, para abrir os olhos aos cegos, para libertar da prisão os cativos e para livrar do calabouço os que habitam na escuridão" (Veja também At 13.47; 26.15-18, 23).

Paulo sempre acreditou que os gentios estavam vivendo em trevas espirituais, porque esta era uma doutrina na teologia hebraica. Porém, agora, Deus deixou claro a Paulo que ele, um judeu, também vivia na escuridão espiritual! Em sua primorosa carta aos romanos, Paulo explica que Deus não pediu aos gentios que se elevassem e se tornassem como os judeus; ele disse aos judeus que eles estavam no mais baixo nível com os gentios. "Não há distinção, pois todos pecaram e estão destituídos da glória de Deus" (Rm 3.22-23). Que golpe humilhante!

Ver a nós mesmos como o Criador nos vê e admitir a nossa grande necessidade constituem os primeiros passos para nos tornarmos um filho de Deus. Paulo poderia gabar-se para si mesmo e para os outros de seu primeiro nascimento (Fp 3.4-11; Gl 1.11-17), mas não teria nenhum motivo de vanglória diante do trono do Altíssimo. "Onde está, então, o motivo de vanglória? É excluído" (Rm 3.27). Transformar a nossa mente e contar a verdade sobre nós mesmos e Jesus é o que a Bíblia chama de *arrependimento*, e como qualquer pessoa perdida, Paulo precisava arrepender-se. Antes da conversão, deve haver convicção, e há evidências de que Paulo estava sendo convencido de seus pecados – e isso fica ainda mais claro posteriormente.

O rebelde rabino estava prestes a entrar na nova criação (2Co 5.17), e Deus disse: "Haja luz" (Gn 1.3). Anos mais tarde, Paulo pôde perguntar: "Não vi Jesus, nosso Senhor?" (1Co 9.1).

ELE CAIU POR TERRA (ATOS 9.4; 22.7; 26.14)

Quando comparamos Atos 9.4; 22.7; 26.14, aprendemos que os homens que estavam com Paulo também caíram ao chão, porém se levantaram novamente, enquanto Paulo permaneceu com seu rosto em terra. "O orgulho vem antes da destruição; o espírito altivo, antes da queda" (Pv 16.18), mas, neste caso, sua queda o levaria à salvação, não à condenação. Seria o cumprimento da profecia que Simeão disse à Maria: "Este menino está destinado a causar a queda e o soerguimento de muitos em Israel" (Lc 2.34). Observe a sequência: o orgulho nos leva a uma queda que nos humilha, porém a humildade nos conduz a uma *queda que nos eleva e nos faz levantar novamente para uma nova vida!* "Deus se opõe aos orgulhosos, mas concede graça aos humildes" (1Pe 5.5), e a graça que procede do lugar mais elevado, onde reina o Altíssimo, é encontrada somente no mais baixo lugar, onde nos rendemos ao Senhor.

Creio que foi Andrew Murray quem afirmou que humildade não é pensar inferiormente a respeito de si mesmo, mas não pensar absolutamente nada sobre si. Pessoas verdadeiramente humildes não se rodeiam de espelhos que refletem apenas a sua própria imagem. Em vez disso, cercam-se de janelas, por meio das quais podem ver os outros e descobrir as necessidades alheias. Jesus não falou somente a multidões, mas igualmente dedicou tempo para ouvir a indivíduos e satisfazer as necessidades deles. De forma humilde, ele manteve-se à disposição dos leprosos, mendigos, forasteiros e até mesmo de criminosos moribundos!

A humildade é o solo no qual todas as demais virtudes cristãs podem crescer. Pessoas orgulhosas amam a si mesmas, não os outros, e se elas dão uma mínima atenção aos outros, é apenas para usá-los buscando uma autopromoção. Tais pessoas quase nunca têm paz, porque vivem temerosas de serem ofuscadas por alguém. Pessoas orgulhosas demonstram pouca paciência com pessoas comuns ao seu redor e raramente pensam a respeito de serem gentis e bondosas com elas. G. K. Chesterton escreveu que o "Orgulho é um veneno poderosíssimo a ponto de envenenar não apenas as virtudes, mas até mesmo os outros vícios." Leia essa declaração novamente e pondere a esse respeito.

Quando dirigia a Northfield Schools, em Massachusetts, D. L. Moody estava em sua carruagem, na estação de trem, certo dia, aguardando a chegada de alguns estudantes. Subitamente, um homem ordenou-lhe que ajudasse com as bagagens e levasse ele e sua filha à escola. Moody desceu, acomodou a bagagem na carruagem e seguiu para o campus. Pouco tempo depois, ao entrar no escritório para registrar a sua filha, aquele pai chocou-se ao descobrir que o homem a quem dera ordens era o diretor da escola. Divertindo-se com a situação, Moody tentou tranquilizá-lo, mas o pai aprendeu uma boa lição. Em um de seus sermões, o Sr. Moody disse: "Se queremos ser usados por Deus, temos que ser muito humildes [...] No momento que elevarmos a nossa cabeça e pensarmos que somos algo ou alguém, ele nos coloca de lado."[3]

ELE OUVIU UMA VOZ (ATOS 9.4; 22.7; 26.14)

A voz disse: "Saulo, Saulo, por que você está me perseguindo? Resistir ao aguilhão só lhe trará dor" (At 26.14). Os homens que acompanhavam Paulo ouviram um som do céu, mas não conseguiram distinguir as palavras, e Paulo não fazia a menor ideia de quem estava falando! Contudo, antes de identificar-se, a voz revelou quem Saulo de Tarso era realmente: um animal raivoso que desejava seguir o seu próprio caminho, rebelando-se contra o Senhor que o estava condenando (At 8.1-3; 9.1). Paulo considerava-se um rabino devoto e zeloso, um defensor da santa lei de Deus. Na verdade, essa acusação constituía mais um passo no gracioso processo divino visando humilhar Paulo.

No antigo Oriente Próximo, o aguilhão de bois era uma vara de aproximadamente 2,5 metros, com uma pequena pá em uma extremidade (para retirada de lama) e uma ponta afiada no lado oposto. O fazendeiro conduzia o gado e mantinha a ponta afiada da aguilhoada nos animais até que lhe obedecessem. Isso suscita uma fascinante questão: Antes de sua conversão, o que o rabino Saul estava experimentando em sua mente e em seu coração que, por fim, o levaram à fé em Cristo? Como Deus preparou aquele fanático perseguidor para que confiasse em Jesus quando ele tinha certeza de que Jesus era apenas um enganador morto (Mt 28.1-15)?

Creio que uma das mais fortes aguilhadas usadas por Deus foi o testemunho triunfante de Estêvão, o primeiro mártir cristão (At 6-7). É provável que Paulo tenha ouvido a pregação de Estêvão na Sinagoga dos

Libertos, em Jerusalém, uma vez que judeus da Cilícia estavam presentes nessa ocasião (At 6.9) e Paulo era de Tarso, a capital da Cilícia. Se Paulo estava entre a congregação naquela sinagoga, então, ele não foi capaz de "resistir à sabedoria e ao Espírito com que ele [Estêvão] falava" (6.10), e isso deve ter sobremaneira enfurecido o jovem rabino. Paulo acompanhou o poderoso sermão de Estêvão e viu a sua radiante face. Quando Estêvão foi apedrejado até a morte, Paulo não apenas aprovou o assassinato como também tomou conta dos mantos dos assassinos (7.58; 8.1).

Ao falar à furiosa multidão de judeus no templo, Paulo abertamente admitiu não ser capaz de esquecer a morte de Estêvão (Atos 22). Ele revelou o que havia dito quando o Senhor apareceu-lhe no templo: "Senhor, estes homens [judeus] sabem que eu ia de uma sinagoga a outra, a fim de prender e açoitar os que creem em ti. E quando foi derramado o sangue de tua testemunha Estêvão, eu estava lá, dando minha aprovação e cuidando das roupas dos que o matavam" (vv. 19-20). O sermão de Estêvão, a sua visão de Jesus, sua oração pedindo perdão pelos assassinos e a glória de Deus em sua face eram todos aguilhões que, certamente, atingiram o coração de Paulo. Igualmente, não há dúvidas de que o consistente testemunho dos muitos cristãos aprisionados por Paulo não pode ser ignorado pelo perseguidor maior da igreja.

Outra aguilhoada dolorosa foi a frustração que Paulo deve ter experimentado ao tentar cumprir, em sua própria força, a lei de Deus enquanto avançava no judaísmo (Gl 1.14). Pessoalmente, não interpreto Romanos 7 como uma descrição da experiência de Paulo anterior à sua conversão. Porém, se esse capítulo descreve a luta enfrentada por ele *após* ter se convertido, *imagina o que deve ter experimentado antes de sua conversão*! Quanto mais ele tentava, em seus próprios esforços, ser um fariseu bem-sucedido, tanto mais ele expunha os profundos pecados em seu coração e mais frustrado se sentia. Afinal, Paulo não dispunha de cópias de Romanos 6-7 ou Gálatas 3-5. Ele os escreveria após seu "treinamento" de três anos na Arábia. No entanto, como um jovem estudante rabino, em constante estudo do Antigo Testamento, ele deve ter, repetidas vezes, percebido o quão fraco realmente era. Paulo aparentava ser um líder religioso exemplar, mas em seu próprio coração sabia de seus tropeços e quedas. Sua face jamais tinha sido tão radiante em vida quanto a face de Estêvão na morte.

Em seu magnífico livro *A Man in Christ* (Um homem em Cristo), o Dr. James S. Stewart escreve: "E aqui, por fim, encontramos o impactante fato que, por anos antes de o chamado vir, a nota dominante da vida interior de Paulo tinha sido de absoluta falha, frustração e derrota [...] Ele descobriu que quanto mais ardentemente perseguia seu ideal, tanto mais dele se distanciava. A justiça na qual o seu coração estava firmado permanecia distante, zombando de seu esforço."[4] James Stalker escreveu em *The Life of St. Paul* (A vida de São Paulo): "Pelo contrário, quanto mais ele se esforçava para cumprir a lei, mais ativos se tornavam os movimentos do pecado em seu interior; sua consciência estava se tornando mais oprimida com o sentimento de culpa, e a paz de uma alma em descanso em Deus era um prêmio que fugia de sua compreensão."[5]

Assim como muitas pessoas religiosas de nossos dias, Paulo era sério e sincero, mas era incapaz de compreender o significado do que era receber a justiça de Deus pela fé em Jesus Cristo, o dom da graça de Deus. Por que alguém desejaria seguir um carpinteiro judeu desempregado, de Nazaré, que foi crucificado pelos romanos? Para seu elevado intelecto, tudo isso parecia tolice.

ELE FEZ UMA PERGUNTA (ATOS 9.5; 22.8; 26.15)

Um jovem estudante judeu perguntou ao seu professor:

— Mestre, por que sempre que faço uma pergunta, você responde com outra pergunta?

O rabino replicou:

— Mas, por que não deveria?

Paulo sabia como fazer as perguntas certas e exclamou: "Quem és tu, Senhor?" A palavra traduzida como "Senhor" podia apenas ser um respeitoso "senhor" ou poderia, de fato, ser uma reverência a Deus. Não temos certeza do sentido pretendido por Paulo. Porém, ele recebeu uma resposta profunda: "Eu sou Jesus, a quem você persegue." Para sua surpresa, Paulo descobriu que não apenas Cristo estava vivo (At 25.19), como também ele era tão identificado com o seu povo que qualquer um que os perseguissem, igualmente o perseguiria. Em seu cego zelo religioso, Paulo estava perseguindo o seu próprio Messias! Ele talvez até estivesse presente na reunião do Sinédrio em que os líderes judeus ordenaram a Pedro e a João "que não falassem nem ensinassem em nome de Jesus" (At 4.18), e, certamente, ele concordou com o veredicto, mas agora as coisas mudariam.

O nome *Jesus* é encontrado mais de novecentas vezes no texto original do Novo Testamento, mais de sessenta vezes apenas no livro de Atos. Atos 4.12 ousadamente declara: "Não há salvação em nenhum outro, pois, debaixo do céu não há nenhum outro nome dado aos homens pelo qual devamos ser salvos." Cada livro do Novo Testamento, com exceção de 3João, menciona o nome de *Jesus*, porém o versículo 7 de 3João diz: "pois foi por causa do Nome que eles saíram." O nome de Jesus abre e encerra o Novo Testamento (Mt 1.1; Ap 22.21). É o nome que usamos ao orar (Jo 14.13-14; 15.16; 16.23-26), e é o nome que o mundo odeia (Jo 15.18-24).

Jesus (*Yeshua*) era um nome popular entre os judeus por causa da fama de Josué, sucessor de Moisés, que vitoriosamente conduziu Israel à terra que lhes fora prometida. O historiador judeu Josefo lista vinte diferentes homens com esse nome, que significa "Jeová é salvação" (veja Mt 1.16, 21, 25). Uma vez que outros homens também receberam esse nome, nosso salvador foi conhecido como "Jesus, o Cristo" ou "Jesus de Nazaré." No século II, os judeus pararam de nomear os seus filhos como "Yeshua."

ELE RENDEU-SE A JESUS (ATOS 22.10)

No quarto estágio da experiência de crise de Paulo, ele fora aprisionado, cegado, humilhado e ensinado. Ele sabia quem era e o que realmente tinha feito e tinha consciência de estar falando com o Messias, Jesus Cristo. Agora, Paulo estava pronto para confiar e obedecer, e perguntou: "Que devo fazer, Senhor?" A resposta mais completa para essa questão encontra-se em Atos 26.16-18:

> Agora, levante-se, fique de pé. Eu [Jesus] lhe apareci para constituí-lo servo e testemunha do que você viu a meu respeito e do que lhe mostrarei. Eu o livrarei do seu próprio povo e dos gentios, aos quais eu o envio para abrir-lhes os olhos e convertê-los das trevas para a luz, e do poder de Satanás para Deus, a fim de que recebam o perdão dos pecados e herança entre os que são santificados pela fé em mim.

Paulo havia iniciado a sua viagem liderando um grupo de zelosos judeus à batalha, e agora um daqueles homens guiava Paulo pela mão como se ele fosse uma pequena criança, levando o seu líder a Damasco. Então, humilde e disposto a obedecer, Paulo aguardou por três dias, em trevas e sem se alimentar. Depois, o Senhor enviou um de seus seguidores na cidade para restaurar a visão a Paulo, conceder-lhe a plenitude do Espírito e batizá-lo. Se isso não tivesse ocorrido a Paulo, jamais teríamos conhecido Ananias; mas se não fosse por Ananias, Paulo nunca teria iniciado o seu ministério. Ele passou um tempo com os cristãos em Damasco e começou a pregar ousadamente nas sinagogas.

Jesus simplesmente disse a Paulo: "Levante-se! Fique de pé! Fale! Busque!" Porém, isso não é o mesmo que ele fala a todos os seus seguidores, incluindo você e eu?

ELE OBEDECEU ÀS ORDENS DE CRISTO (ATOS 26.19-23)

O apóstolo Paulo disse em seu julgamento: "Assim, rei Agripa, não fui desobediente à visão celestial." Paulo, o líder da oposição contra Jesus, estava agora sendo liderado por Cristo, e o outrora perseguidor era agora um pregador. O homem que causara tanto sofrimento aos outros iria, ele mesmo, sofrer grandemente, pois tanto judeus quanto gentios resistiam ao seu ministério e à sua mensagem. Se você precisa ser relembrado de alguns dos infortúnios do ministério de Paulo ou imagina que a sua própria situação é insuportavelmente difícil, leia as passagens de 2Coríntios 4.1-12 e 11.16-29.

Se perguntássemos a Paulo: "O que o Senhor fez a você ao longo de toda aquela experiência na estrada de Damasco?", ele provavelmente nos responderia com o texto de Filipenses 3.12-14 e sublinharia as palavras "fui alcançado por Cristo Jesus" (v. 12). A versão Almeida Revista e Atualizada utiliza a palavra "conquistado", que também significa "aprisionado, vencido, ganhado, cativado." *Deus capturou Paulo!* O Altíssimo colocou uma das mãos sobre Paulo e a outra em sua vontade, mantendo-os juntos durante todo o ministério do apóstolo. Ele escreveu que o desejo que o consumia era "alcançá-lo, pois para isso também fui alcançado por Cristo Jesus" (v. 12), e que o mesmo desejo deveria nos controlar.

ELE PROCLAMOU A MENSAGEM (ATOS 26.23)

Paulo vira a luz e, a partir daquele momento, "proclamaria a luz" tanto para judeus quanto para gentios. O apóstolo identificou-se como um embaixador de Jesus Cristo, comissionado pelo Senhor e motivado por seu amor (2Co 5.14, 20). Embaixadores devem transmitir fielmente as mensagens que seus superiores lhes confiaram, e a mensagem confiada por Cristo a Paulo foi o evangelho. Ele escreveu: "Contudo, quando prego o evangelho, não posso me orgulhar, pois me é imposta a necessidade de pregar. Ai de mim se não pregar o evangelho!" (1Co 9.16).

Todo ministro, professor e músico cristão devem cuidadosamente examinar cada sermão, lição e canção e perguntar: "Onde está Jesus? Onde está o evangelho?" Não estamos no ministério para exibir os nossos talentos ou nos autoexaltarmos, mas para glorificarmos a Jesus Cristo. Paulo escreveu: "Quanto a mim, que eu jamais me glorie, a não ser na cruz de nosso Senhor Jesus Cristo" (Gl 6.14). O objetivo de Paulo era "que em tudo [Jesus] tenha a supremacia" (Cl 1.18). O propósito do ministro não é impressionar as pessoas, mas expressar a verdade de Cristo e do evangelho.

Somos servos, não celebridades, e quando a igreja se reúne em nome de Cristo é para um culto que honre a Deus e não para entretenimento que agrade as pessoas. Certo domingo, minha esposa e eu nos dirigimos a uma igreja e fomos recebidos com um "Sejam bem-vindos! Entrem e se divirtam!" Quase dei meia-volta e fui embora. O profeta Isaías "se divertia" quando adorava o Senhor (Is 6) ou o apóstolo João quando viu o seu Salvador glorificado (Ap 1.9-18)? Ambos viram Jesus e isso lhes deu uma nova visão espiritual, bem como vitalidade para servi-lo com eficiência.

Ele nos diz hoje: "Eu sou Jesus!"

"Portanto, já que estamos recebendo um Reino inabalável, sejamos agradecidos e, assim, adoremos a Deus de modo aceitável, com reverência e temor, pois o nosso 'Deus é fogo consumidor'" (Hb 12.28-29; veja também Dt 4.24).

12

Vivendo e servindo no tempo presente

Digo que agora é o tempo favorável, agora é o dia da salvação!
2Coríntios 6.2

Nestes dias, a história tem sido reescrita com tanta frequência que podemos não saber exatamente o que ocorreu no passado; e, uma vez que não somos oniscientes, também não somos capazes de predizer o futuro acuradamente. No entanto, ainda há boas-novas: Agora, nesta presente hora, Deus nos concede o privilégio de tomar decisões que podem alterar algumas consequências do passado e igualmente ajudar a estabelecer algumas novas e excitantes direções para o futuro. "Digo que agora é o tempo favorável, agora é o dia da salvação!" (2Co 6.2). Agora! Hoje!

Deus deseja que os seus filhos vivam um dia por vez, no tempo presente, confiando em sua orientação e graça. "Dai-nos hoje" aplica-se não apenas ao nosso pão diário, mas também a tudo o mais envolvido em nossa peregrinação cotidiana. Desde o primeiro dia da criação, o Senhor ordenou que a nossa galáxia funcionasse um dia por vez, enquanto o planeta Terra executa a sua órbita anual em torno do sol. Na próxima vez que disser "Eu gostaria de ter mais tempo", lembre-se de que todos nós dispomos da mesma porção de tempo, ou seja, vinte e quatro horas por dia, e que, talvez, você deveria estar dizendo: "Eu gostaria de ter um controle melhor sobre o meu tempo." Isso significa ser sábio, "aproveitando ao máximo cada oportunidade, porque os dias são maus" (Ef 5.15-16).

Em 24 de abril de 1859, o naturalista americano Henry David Thoreau escreveu em seu diário: "Agora ou nunca! Você deve viver no presente, lançar-se em cada onda, descobrir a eternidade em cada momento." No capítulo inicial de *Walden*, Thoreau escreveu: "Como se fosse possível matar o tempo sem ferir a eternidade", uma notável declaração de um homem que se desligou da igreja precocemente em sua vida. Porém, ele está certo: se pensássemos mais a respeito da eternidade, certamente usaríamos o nosso tempo mais sabiamente.

O tempo é um dos nossos tesouros mais preciosos, um presente momento a momento de Deus, e usá-lo com descuido ou tolamente é uma vergonha. Com o auxílio do Senhor, podemos transformar o tempo em serviço, aprendizado, riqueza, prazer, saúde e crescimento espiritual. Ainda que apreciemos o que Jesus fez por nós ontem e zelosamente aguardemos o que ele fará no futuro, as palavras-chave para a igreja são *agora* e *hoje*. Afinal, nosso Salvador "é o mesmo, ontem, hoje e para sempre" (Hb 13.8), e, como temos aprendido de suas declarações EU SOU, ele é o Jesus do tempo presente.

Os quatro evangelhos registram que Jesus "começou a fazer e a ensinar" em seu corpo físico, enquanto esteve aqui neste mundo (At 1.1), mas a palavra *começou* indica que ele deseja continuar a "fazer e a ensinar" hoje por meio de seu corpo espiritual, a igreja. A vinda do Espírito Santo no Pentecostes (At 2) constituiu o início, não o fim, e o Espírito deseja trabalhar por meio de nós agora. Citando o Salmo 95, o Espírito Santo diz em Hebreus 3.7-11:

> "Hoje, se vocês ouvirem a sua voz, não endureçam o coração, como na rebelião, durante o tempo de provação no deserto, onde os seus antepassados me tentaram, pondo-me à prova, apesar de, durante quarenta anos, terem visto o que eu fiz. Por isso fiquei irado contra aquela geração e disse: 'O

seu coração está sempre se desviando, e eles não reconheceram os meus caminhos'. Assim jurei na minha ira: Jamais entrarão no meu descanso."

"A rebelião" é uma referência à desobediência de Israel que começou em Cades-Barneia, quando os israelitas recusaram-se a confiar no Senhor e reivindicar a sua herança em Canaã (Nm 13-14). A rebeldia prosseguiu pelos trinta e oito anos seguintes em que a nação vagueou no deserto até que a geração mais velha e descrente faleceu. A desobediência dos dez líderes corrompeu a nação e, com o tempo, levou a uma longa marcha funeral.

Durante os anos de nosso ministério, minha esposa e eu enfrentamos a nossa cota de testes e tribulações, tempos em que nós dois e nossos companheiros fomos tentados a desistir em vez de confiar que o Altíssimo sustentaria as nossas atividades. Louvamos a Deus por nos conceder as promessas da Palavra, como também por nos rodear de pessoas intercessoras que andavam por fé e cujas orações, juntamente com as nossas, nos auxiliaram a enxergar além.

Quando em descrença, Israel rebelou-se contra Deus, e parte do problema residia no foco do povo no passado e no repetido desejo de retornar ao Egito. Os israelitas se lembraram da comida que tinham à mesa e da segurança de que desfrutavam porque alguém cuidava deles, porém eles se esqueceram da escravidão diária, da humilhação e da desesperança. Outra causa da descrença deles foi o medo em relação ao futuro, porque eles, de fato, não acreditavam que poderiam derrotar os inimigos em Canaã e reclamar a terra. Dez dos doze espias que vistoriaram a terra disseram que, ao verem os "gigantes" que habitavam a área, sentiram-se como gafanhotos. Eles estavam vivendo por vista e não por fé, esquecendo-se das promessas do Criador.

Em outras palavras, o coração deles havia se endurecido, e isso, em geral, leva a um coração rebelde. No Egito, os israelitas testemunharam o que Deus podia fazer, e ainda assim recusaram-se a confiar no Senhor e obedecer à sua palavra. Quando, de forma deliberada, ignoramos as demonstrações de amor e poder do Altíssimo, voluntariamente escolhendo seguir o nosso próprio caminho, estamos tentando o Criador e pedindo a disciplina divina.

Cinco palavras familiares nos revelam como evitar esse repulsivo pecado e viver confiadamente no tempo presente, um dia após o outro, com e para o nosso Senhor Jesus Cristo.

ESTÍMULO

Quando vivemos no tempo presente, vivemos pela fé e somos capazes de saudar cada dia concedido pela mão de Deus, sabendo que ele sempre planeja o melhor para nós. Quer acordemos em casa, em um hotel ou mesmo em um leito hospitalar, confiadamente devemos dizer, em fé: "Este é o dia em que o SENHOR agiu; alegremo-nos e exultemos neste dia" (Sl 118.24). Nossa ênfase está no texto "a vida que agora vivo" (Gl 2.20), a vida de "boas obras, as quais Deus preparou de antemão para nós as praticarmos" (Ef 2.10). Sabemos que o Senhor tem planejado cada novo dia para nós e que cada dia é sob medida para nos prover exatamente do que necessitamos a fim de manter o nosso crescimento e serviço (Sl 139.16). Cada dia é um compromisso, não um acidente, e quando o nosso desejo é glorificar a Deus, vemos tanto oportunidades quanto obstáculos.

Quando perdemos o estímulo da vida cristã, igualmente começamos a perder o prazer e nos tornamos mornos como a igreja em Laodiceia (Ap 3.14-22). Em vez de aguardar, em zelosa expectativa, que cada dia seja uma aventura em fé, nos aborrecemos e passamos a procurar algo mais interessante a fazer. Nossa vida devocional diária transforma-se em uma insípida rotina, os problemas ocasionais que surgem nos deixam impacientes e irritados e, com o passar do tempo, a bênção é substituída pelo enfado. Em vez de agradecer ao Pai pelas boas dádivas que ele nos concede diariamente, passamos a reclamar daquilo que não recebemos.

A. W. Tozer escreveu: "Uma geração apática e míope busca constantemente alguma nova excitação poderosa o suficiente para trazer alguma sensação às suas desgastadas e entorpecidas sensibilidades."[1] Essa doeu! Uma vez que Ló havia provado o gosto da intoxicante vida do Egito, ele se cansou da vida de fé de seu tio Abraão e começou a se mover em direção a Sodoma (Gn 13). Como resultado, Ló perdeu tudo o que possuía quando Sodoma foi destruída e acabou em uma caverna cometendo incesto com suas duas filhas solteiras. É, Ló não se deu bem.

Se você soubesse que cada dia lhe traria alegria e riqueza, a sua vida seria marcada pelo entusiasmo e expectativa. Porém, isso é exatamente o que nosso Pai celestial nos promete! "Regozijo-me em seguir os teus testemunhos como o que se regozija com grandes riquezas", escreveu o salmista. "Eu me regozijo na tua promessa como alguém que encontra grandes despojos" (Sl 119.14, 162). A vida é curta e os dias mudam rapidamente, de maneira que não podemos nos dar ao luxo de desperdiçá-los. "Ensina-nos a contar os nossos dias para que o nosso coração alcance sabedoria" (Sl 90.12).

Quando nos descobrirmos bocejando em vez de ansiando, o único remédio é nos arrependermos, confessarmos nossos pecados, abrirmos as Escrituras e ouvirmos uma revigorante palavra do Senhor. "A lei do SENHOR é perfeita, e revigora a alma" (Sl 19.7). Perca o entusiasmo de viver pela fé, um dia por vez, e você acabará em um caro desvio.

COMPROMISSO

"Duas pessoas andarão juntas se não tiverem de acordo?", questionou o profeta Amós (Am 3.3). Cada um dos filhos de Deus deve ter um tempo e lugar designados para encontrar-se diariamente com o Altíssimo, devotando-se à adoração, oração e meditação na Palavra. Deus me fez uma pessoa matutina, e trabalho melhor entre 5h30 e 15 horas, mas nem todos são assim. Tenho amigos bem-sucedidos que são incapazes de começar a trabalhar antes das 20 horas e prosseguem até às 3 horas. O mais importante é que *a cada dia dediquemos o nosso melhor tempo ao Senhor*. Dê a esse período o nome que você preferir – hora silenciosa, tempo de oração, tempo de olhar para cima, devoção diária –, este deve ser um período ininterrupto de comunhão com o Altíssimo em oração e estudo da Palavra, um tempo que nos prepare em espírito para as nossas tarefas diárias, felizes com a vontade de Deus. *A parte mais importante da nossa vida é aquela que apenas Deus vê.* Os problemas devem ser resolvidos em privado, no reservado para oração, antes de serem abordados em público. A intercessão de Moisés, Arão e Hur, no alto da colina, capacitou Josué e seu exército a vencerem os amalequitas, durante a batalha que se desenrolava lá embaixo (Êx 17.8-15).

Devemos iniciar o nosso compromisso com adoração pessoal, agradecendo ao Pai por providencialmente nos conceder um novo dia, ao Filho, por morrer por nós e prometer a sua presença conosco, bem como ao Espírito Santo, pelo poder e sabedoria que ele nos dá à medida que enfrentamos as demandas e perigos da vida. Gosto de ler um hino de louvor ao Senhor que expresse a minha gratidão de modo mais eficiente que as minhas próprias palavras, embora creia que o Pai se regozija em ouvir as palavras de louvor de seus filhos, ainda que não sejam tão refinadas.

Por fim, devemos investir tempo para sermos santos. Apressar a nossa adoração, oração e meditação significa afligir o Senhor. "Vocês não puderam vigiar comigo nem por uma hora?" (Mt 26.40). Ler rapidamente alguns poucos versículos da Bíblia, passar os olhos sobre um parágrafo ou dois de pensamentos devocionais e, então, correr para os nossos deveres diários significa privarmos a nós mesmos de "ouvir" a voz de Deus, meditar no que ele diz e "digerir" a verdade em nosso coração. Nosso tempo devocional diário não é uma maratona durante a qual tentamos ler um determinado número de versículos a cada dia. Às vezes, me percebo meditando longamente sobre um único versículo e descobrindo verdades que jamais tinha percebido antes. A Palavra de Deus é o nosso alimento (4.4) e devemos mastigá-la cuidadosamente, não ingeri-la goela abaixo.

Passemos para aquele tópico agora.

ILUMINAÇÃO

"A tua palavra é lâmpada que ilumina os meus passos e luz que clareia o meu caminho [...] A explicação das tuas palavras ilumina e dá discernimento aos inexperientes" (Sl 119.105, 130). A palavra traduzida como "explicação" é literalmente "abertura" e pode ser traduzida como "entrada" (ARA). Pelo fato de as casas antigas não possuírem janelas, quando a porta era aberta, a luz do sol inundava o aposento. Uma Bíblia fechada não fornece iluminação, bem como um coração fechado não recebe luz (Lc 24.32). O termo traduzido como "inexperientes" poderia referir-se a uma pessoa ingênua, que é facilmente enganada, porém aqui descreve uma pessoa que não tem recebido uma educação formal, em sala de aula, o que Atos 4.13 identifica como "sem instrução" e "homens comuns."

A Bíblia é um livro antigo, mas é sempre contemporâneo e nos ajuda a viver no tempo presente. O Espírito Santo nos revela Jesus em suas páginas e nos propicia a verdade da qual necessitamos para cada dia. "Toda a Escritura é inspirada por Deus e útil para o ensino, para a repreensão, para a correção e para a instrução na justiça, para que o homem de Deus seja apto e plenamente preparado para toda boa obra" (2Tm 3.16-17). A Bíblia pertence a todo o povo de Deus, não apenas aos seminaristas graduados ou aos brilhantemente inteligentes. Os escritores, ainda que humanos, "falaram da parte de Deus, impelidos pelo Espírito Santo" (2Pe 1.21). O Santo Espírito não somente inspirou a Palavra de Deus, como também nos instrui em sua leitura. Jesus disse: "Mas quando o Espírito da verdade vier, ele os guiará a toda a verdade. Não falará de si mesmo; falará apenas o que ouvir, e lhes anunciará o que está por vir. Ele me glorificará, porque receberá do que é meu e o tornará conhecido a vocês" (Jo 16.13-14). O Espírito revela Cristo nas Escrituras, assim como Jesus revelou-se na Palavra aos dois discípulos, no caminho de Emaús (Lc 24.25-27).

Todos sabem que Jesus pode ser visto nos tipos e profecias bíblicas, porém também é possível vê-lo nos eventos (1Co 10.1-13), nas pessoas e nas promessas (2Co 1.18-22). Antes de G. Campbell Morgan expor a mensagem a cada sexta-feira à noite na Capela da Escola Bíblica de Westminster, em Londres, ele pedia a toda a congregação que se levantasse e cantasse a linda canção "Jesus, Pão da Vida." Em especial, aprecio a estrofe que diz: "Além da página sagrada, busco a ti, Senhor / Meu espírito anseia por Ti, ó Palavra viva." Ler a Bíblia e não ver Jesus é perder a maior bênção de todas.

Lembre-se, o Espírito Santo estava presente quando os eventos ocorreram e as palavras proferidas foram registradas nas Escrituras, principiando com a criação (Gn 1.1-2) e terminando com o derradeiro convite do Altíssimo e a última oração do apóstolo (Ap 22.17-21). O Espírito é uma testemunha ocular que pode nos ajudar a ver e compreender a verdade que o Criador deseja que vivamos.

Quando o Altíssimo nos concedeu a dádiva de seu Filho, ele nos deu o seu melhor e *com ele tudo de que necessitaremos para viver uma vitoriosa vida cristã*! "Pois quantas forem as promessas feitas por Deus, tantas têm em Cristo o 'sim'. Por isso, por meio dele, o 'Amém' é pronunciado por nós para a glória de Deus" (2Co 1.20). Vivemos pelas promessas, não por explicações. E quando, por meio do Espírito Santo, reivindicamos uma promessa e dizemos "Amém – que assim seja", Deus cumpre a promessa em Jesus Cristo!

Gosto de recordar as promessas que minha esposa e eu reivindicamos e que o Senhor cumpriu em nossa família e em nossos vários ministérios. Cada promessa tem estado na Bíblia por séculos, porém exatamente quando mais precisamos delas é que elas nos são mostradas pelo Espírito Santo. Não consultamos uma concordância ou reviramos as páginas da Bíblia até encontrá-las. No decorrer de nossa leitura bíblica diária, tais promessas saltaram da página e exclamaram: "Confie em mim!" Em Jesus Cristo, Deus "nos deu todas as coisas de que necessitamos para a vida e para a piedade" (2Pe 1.3), e as chaves que abrem esse rico tesouro são as infalíveis promessas divinas. Deus já disse "Sim" em seu Filho, e deveríamos responder com um sincero "Amém" para reivindicar a promessa. Se assim fizermos, um dia, aquela promessa será cumprida da maneira que irá glorificar mais o Senhor.

ENCORAJAMENTO

A vida cristã não é uma empreitada solitária, e o cristão autoconfiante que tentar fazer isso acabará desapontado. Afinal, os cristãos pertencem ao mesmo corpo espiritual e são ovelhas do mesmo rebanho, soldados do mesmo exército e filhos da mesma família, apenas para mencionar algumas das inúmeras imagens da igreja no texto bíblico. Essas imagens claramente indicam que pertencemos uns aos outros, que afetamos uns aos outros e necessitamos uns dos outros. Com frequência, a expressão *uns aos outros* é encontrada no Novo Testamento: amem-se uns aos outros, perdoem uns aos outros, edifiquem-se uns aos outros, sejam bondosos uns para com os outros – e essa expressão fala de preocupação e cuidado mútuos.

Hebreus 3.13 nos adverte: "Pelo contrário, encorajem-se uns aos outros todos os dias, durante o tempo que se chama 'hoje', de modo que nenhum de vocês seja endurecido pelo engano do pecado." Nos primeiros dias da igreja, diariamente, os cristãos reuniam-se no pátio do templo, alimentavam as viúvas e levavam outros a Cristo (At 2.46-47; 6.1), de maneira que eles tinham oportunidades diárias de encorajar uns aos outros. Hebreus 10.25 traz instruções para o mútuo encorajamento entre os cristãos a fim de comparecerem às reuniões regulares da igreja, onde poderiam dar e receber ainda mais incentivo e suporte. Alguns cristãos possuem um dom especial para o encorajamento e não devem hesitar em usá-lo (Rm 12.6, 8).

O pregador e escritor escocês John Watson, que escreveu sob o pseudônimo de Ian Maclaren, costumava dizer: "Seja gentil, pois cada pessoa que você encontra está travando uma grande batalha." Escrevi essa frase na frente da minha Bíblia e sempre a olhava antes de pisar no púlpito. Há muitas causas de desencorajamento nos difíceis dias atuais, e nossa pregação, ensino e aconselhamento devem auxiliar as pessoas a irem acima do desânimo e crerem nas promessas de Deus. Os cristãos que estão vivendo no presente deveriam ser sensíveis às necessidades dos outros e separarem um tempo para demonstrar preocupação, para ouvir e encorajar.

CAPACITAÇÃO

O Senhor deseja usar essas poderosas declarações de EU SOU na nossa vida e por intermédio dela, tanto para nos auxiliar pessoalmente quanto para nos capacitar a ajudar os outros.

Distribuidores. Por exemplo, Jesus é o pão da vida (Jo 6.35), e nos alimentamos dele por meio da Palavra (vv. 68-69). Porém, ele nos alimenta a fim de que, por nosso turno, alimentemos outros. Não devemos apenas *receber* uma bênção, mas igualmente *ser* uma bênção (Gn 12.2; Sl 1.3). Como os servos no casamento (Jo 2.1-10) e os apóstolos em João 6, *somos distribuidores, e não fabricantes*! Repetimos as palavras de Pedro: "Não tenho prata nem ouro, mas o que tenho, isto lhe dou" (At 3.6). Não podemos dar aos outros o que nós mesmos não temos, e o Senhor está disposto a preencher nosso coração e nossas mãos para que possamos alimentar os outros. Não tente fabricar bênçãos. Jesus monopolizou o mercado.

Com frequência, em meu ministério de pregação, ensino e escrita, eu me senti como o homem na parábola que não tinha pão para oferecer ao seu inesperado visitante e precisou pedir pão emprestado ao seu vizinho (Lc 11.5-8). *O Senhor sempre providenciou, às vezes, no último minuto!* Tudo o que se precisa, para que horas de estudo dissipem como fumaça, é de um casamento, um funeral e um membro da igreja morrendo no hospital, porém Deus jamais falhou comigo. Diariamente, tenho lhe pedido que me alimente de sua Palavra, e sempre encontro pão no armário.

Iluminadores. Jesus é a luz da vida (Jo 8.12), e, à medida que o seguimos, *nos tornamos luz a fim de auxiliar outros a enxergarem o caminho que estão trilhando*. Os que não creem em Cristo estão andando em trevas neste mundo, e é triste constatar que muitos cristãos professos também estão (1Jo 1.5-10). Contudo, quando surge a crise, eles vêm a nós em busca de luz. "Eu o livrarei do seu próprio povo e dos gentios, aos quais eu o envio para abrir-lhes os olhos e convertê-los das trevas para a luz" (At 26.17-18). "Vocês são a luz do mundo" (Mt 5.14).

Seguidores. Jesus é o Bom Pastor, e nós, como obedientes ovelhas de seu rebanho, nos alimentamos em pastos verdejantes e nos refrescamos em águas tranquilas (Sl 23.2). Ele nos dá provisão ("de nada terei falta", v. 1) e proteção ("não temerei perigo algum", v. 4), de modo que temos tudo de que necessitamos. Não apenas trazemos alegria ao seu coração, como também somos bons exemplos para que outras ovelhas nos imitem. Não importa quanta experiência e treinamento possuímos, mas para sermos líderes eficazes, primeiramente devemos ser seguidores obedientes.

Maravilhas. Jesus é a ressurreição e a vida (Jo 11.25-26), e nós, que temos confiado nele, fomos levantados de nossa morte espiritual e recebemos a vida eterna (Ef 2.1-10). *Somos milagres vivos!* As pessoas que acompanharam o funeral de Lázaro acorreram à sua casa, em Betânia, quatro dias depois para vê-lo vivo! Lázaro poderia repetir as palavras do salmista: "Sou como um prodígio para muitos" (Sl 71.7 – ARC). Não há registro de nenhuma palavra de Lázaro à qual as pessoas poderiam se referir. Elas simplesmente tiveram que olhar para aquele homem ressurreto e confiaram em Jesus (Jo 12.9-11)! Quero que meu Senhor me ajude a "viver uma nova vida" (Rm 6.4) de maneira que eu também possa ser um milagre vivo e leve outros ao Salvador. Vamos fazer de nossa vida um milagre permanente para a glória de Deus.

Viajantes. Jesus é o caminho, e porque temos confiado nele, nosso destino garantido é a casa do Pai (Jo 14.6). Estamos no caminho certo porque temos crido na verdade e recebido a vida (Mt 7.13-14). Crer na verdade, mas não andar no caminho é perder a vida. Eles vão juntos. Os que não acreditam na verdade como ela é, em Jesus não têm a vida ofertada por Cristo e os tais seriam miseráveis na casa do Pai. A filosofia popular de nossos dias é que não existem absolutos e que os cristãos não são politicamente corretos ao afirmarem que a fé em Jesus é o único caminho para a salvação. Contudo, Jesus é *o* caminho, e não um de muitos caminhos. À medida que obedientemente prosseguimos em nossa peregrinação pelo caminho, descobrimos mais verdades e desfrutamos cada vez mais da vida abundante.

Frutificadores. Permanecer como ramos em Jesus, a videira, é a única maneira de desfrutar da vida de fertilidade e utilidade (Jo 15.1-17). Isso significa experimentar uma poda dolorosa a fim de sermos capazes de produzir mais e melhor fruto, porém isso é o que glorifica o nosso Senhor. E devemos ter em mente que *os ramos não comem o fruto; eles o compartilham com os outros*. Idade, experiência e talento têm muito pouco a contribuir com essa notável frutificação. O segredo é a fé, o amor e a obediência que nos capacitam a permanecer em Cristo. Próximo de meu octogésimo aniversário, eu estava orando sobre o meu ministério e as dolorosas limitações que a idade pode trazer, mas o Senhor me deu segurança com o Salmo 92.14: "Mesmo na velhice darão fruto, permanecerão viçosos e verdejantes." Que presente de aniversário!

Paulo escreveu: "Mas, pela graça de Deus, sou o que sou" (1Co 15.10).

Se você e eu desejamos o mesmo tipo de testemunho, devemos viver no tempo presente, permanecendo em Jesus Cristo, que afirma: "EU SOU."

NOTAS

CAPÍTULO 1: MOISÉS FAZ UMA PERGUNTA
1. ALBRIGHT, Raymond W. *Focus on Infinity: A Life of Phillips Brooks* [Foco na infinidade: A vida de Phillips Brooks] (Nova York: Macmillan, 1961), p. 349.
2. EPP, Theodore H. *Moses, Vol. 1* [Moisés] (Lincoln, NE: Back to the Bible, 1975), p. 86.

CAPÍTULO 4: A LUZ DO MUNDO
1. PELIKAN, Jaroslav. *The Vindication of Tradition* [A defesa da tradição] (New Haven: Yale University Press, 1984), pp. 65-66.
2. TAYLOR, Dr. e Sra. Howard. *The Biography of James Hudson Taylor* [A biografia de James Hudson Taylor] (Londres: China Inland Mission, 1965), pp. 162-63.

CAPÍTULO 5: A PORTA
1. A palavra hebraica *Hanukkah* significa "dedicação."
2. Uma nona vela situa-se no meio do menorá, sendo usada para acender as outras oito.

CAPÍTULO 8: O CAMINHO, A VERDADE E A VIDA

1. Porém, veja Êx 4.22; Dt 32.6; Is 63.16; 64.8; Jr 3.4, 19; Ml 1.6; 2.10.
2. Para mais informações sobre a Palavra de Deus como alimento, veja Mt 4.4; 1Pe 2.2; 1Co 3.1-4; Hb 5.11-14; Jó 23.12; Jr 15.16. Leia esses versículos.
3. O material dessa seção é adaptado de meu livro sobre a parábola do Filho Pródigo, *Another Chance at Life* [Outra chance na vida], sendo usado com a permissão dos editores. Christian Literature Crusade (2009).

CAPÍTULO 9: A VIDEIRA VERDADEIRA

1. Para aqueles que não estudaram química, H_2O é água, enquanto que H_2SO_4 é ácido sulfúrico.

CAPÍTULO 11: "EU SOU JESUS" (ATOS 9.5; 22.8; 26.15)

1. Em 1Timóteo 1.15-16, Paulo escreve que a sua experiência de conversão foi "um exemplo para aqueles que nele haveriam de crer para a vida eterna" e, em 1Coríntios 15.8, que ele "nasceu fora de tempo." Jamais conheci ou ouvi falar de alguém que viu Jesus em sua glória e ouviu a sua voz como Paulo. Creio que o apóstolo estava se referindo aos seus amados companheiros judeus que, um dia, veriam o Messias deles e creriam nele (Zc 12.10; Mt 24.30-31). Paulo "nasceu fora de tempo" como um exemplo do que ocorreria com os judeus no retorno de Cristo.
2. Veja At 13.47; 26.18, 23; Rm 13.12; 1Co 4.5; 2Co 4.4-6; 6.14; 11.14; Ef 1.18; 5.8-14; Fp 2.15; Cl 1.12; 1Ts 5.5; 1Tm 6.16; 2Tm 1.10.
3. MOODY, D. L. *Glad Tidings* [Boas notícias]. (Nova York: E. B. Treat, 1876), pp. 291-92.
4. STEWART, James S. *A Man in Christ* [Um homem em Cristo] (Nova York: Harper Brothers, n.d.), p. 83.
5. STALKER, James. *The Life of St. Paul* [A vida de São Paulo] (Old Tappan, NJ: Fleming H. Revell, 1950), p. 31.

CAPÍTULO 12. VIVENDO E SERVINDO NO TEMPO PRESENTE
1. TOZER, A. W. *Born After Midnight* [Nascido depois da meia-noite] (Harrisburg, PA: Christian Publications, 1959), p. 68.